UNDER THE BACKGROUND OF SUPPLY-SIDE REFORM CONSTRUCTION OF RURAL REVITALIZATION AND RURAL TOURISM COUPLING SYSTEM IN ZHANJIANG CITY

供给侧改革背景下湛江市乡村振兴与乡村旅游耦合系统构建

刘晓丽◎著

企业管理出版社
ENTERPRISE MANAGEMENT PUBLISHING HOUSE

图书在版编目（CIP）数据

供给侧改革背景下湛江市乡村振兴与乡村旅游耦合系统构建 / 刘晓丽著. — 北京 : 企业管理出版社, 2023.1

ISBN 978-7-5164-2788-0

Ⅰ. ①供… Ⅱ. ①刘… Ⅲ. ①乡村旅游—旅游业发展—研究—湛江 Ⅳ. ①F592.765.3

中国版本图书馆CIP数据核字（2022）第245072号

书　　名：供给侧改革背景下湛江市乡村振兴与乡村旅游耦合系统构建
书　　号：ISBN 978-7-5164-2788-0
作　　者：刘晓丽
责任编辑：张　羿
出版发行：企业管理出版社
经　　销：新华书店
地　　址：北京市海淀区紫竹院南路17号　　邮　　编：100048
网　　址：http://www.emph.cn　　电子信箱：26814134 @qq.com
电　　话：编辑部（010）68456991　发行部（010）68701816
印　　刷：北京虎彩文化传播有限公司
版　　次：2023年1月第1版
印　　次：2023年1月第1次印刷
开　　本：710mm × 1000mm　1/16
印　　张：15
字　　数：180千字
定　　价：68.00元

目录

CONTENTS

第一章 绪论

第一节 研究背景

一、乡村振兴工作大力推进

乡村振兴是中国乡村发展的重大战略举措。由于城乡中国深刻的分野，在经济获得飞速发展的同时，城乡之间的差距也越来越大，二元结构的城乡鸿沟仍然很难逾越。即使城市经济的快速发展贡献了中国 GDP 的主体值，但正如周其仁（2017）所言，“没有农村、农业和农民状况的根本改善，国民经济是搞不起来的”，“三农”问题成为中国经济腾飞亟须解决的问题。为消除城乡差距的巨大分隔，自 2004 年以来，“中央一号文件”已连续 18 年聚焦农村、农业和农民。在党的惠农政策引导下，农村经济开始从自给自足走向交换分工，从温饱经济迈向小康社会，农民生活大幅改善。但与此同时，随着城镇化进程的加速，城市化率由 1978 年的 17.9% 增长到 2021 年的 64.72%，城市人口超过 9 亿，农村人口比例大幅度降低，加之城市对农村生活方式的入侵，农村污染排放日渐增加，生活垃圾污染、种养殖业的污染日趋严重，农民生活环境日益恶化，使得农村经济发展约束不断增加。乡村生态环境破坏、劳动力流失以及空心化等问题严重地制约着农业与农村的现代化进程。突破生态束缚、寻找高质量发展途径成为当务之急。

改革开放以来，中国在探索农业发展的道路上不断前行，在农业经济、科研及技术推广等方面取得了长足发展，正逐步向农业强国迈进。目前，中国农业发展来到了一个全新的阶段，虽然我国在解决“三农”问题工作方面取得了历史性的进步，但对于大多数乡村来说，“发展不平衡、不充分”仍然是非常突出的问题：城乡统筹融合发展机制有所欠缺；农村以家庭为主的基本经营制度有待完善和转变；供给侧改革不够深入；乡村的“生态、生产、生活”环境需要改善；农耕文明需要继续传承和弘扬；乡村治理体系需要加强。此外，传统乡村大多以老人、妇女、儿童为主，空心化严重，劳动主体明显呈现老弱化。以上所有现状表明我们需要更加重视“三农”问题，亟须用新思维、新举措、新政策来实现新的突破，进一步解决“三农”问题。

“三农”问题一直以来都是关系我国国计民生的根本性问题，乡村振兴是党的十九大做出的重大战略决策部署。党的十九大报告中，首次提出要实施乡村振兴战略，全面推进乡村“产业振兴、人才振兴、文化振兴、生态振兴、组织振兴”，充分发挥农产品供给、生态资源屏障、农耕文化传承等功能。随后，国家提出了一系列关于乡村振兴的政策来为农村的全面、快速发展保驾护航。2021 年 6 月，《中华人民共和国乡村振兴促进法》（简称《乡村振兴促进法》）开始施行，大大推进了乡村振兴工作的开展。具有中国特色的“三农”法治体系快速形成，针对“三农”的法治实践得以完善和发展。按照国家及地方乡村振兴战略要求，需要统筹规划、总体布局、协调发展，从而逐步实现5个“振兴”，其中农业农村现代化的根本支撑就是“产业振兴”。这就要求发挥乡村自然生态优势和乡土文化资源，寻求以乡村特色产业为主的发展方向和发展路径，不仅要坚定创新、开拓、绿色、协调、易行的理念，还要保证乡村产业的可持续性、城乡统筹性、带动性和广泛性。

二、乡村旅游发展备受关注

乡村旅游近年来快速发展，规模不断扩大，据农业农村部乡村产业发展司公布的数据，2018年全国休闲农业、乡村旅游接待人次30.9亿，营业收入超过8500亿元。根据文化和旅游部2019年7月发布的《全国乡村旅游发展监测报告（2019年上半年）》统计结果，2019年上半年全国乡村旅游总人次同比增加10.2%，已超15亿次；上半年乡村旅游总收入8600亿元，同比增加11.7%。2019年9月4日，中国旅游研究院（文化和旅游部数据中心）自主网络平台对北京、上海、广州等10个城市进行调查，发布了《中国国民休闲发展报告（2019）》。该报告指出，2019年我国城镇居民工作日、周末和节假日期间休闲半径在2～7千米以内的比重分别为61.2%、63.1%和62.1%，从休闲空间来看，中短途距离休闲占比大幅提升。

国家旅游局（2018年组建文化和旅游部，不再保留国家旅游局，下同）确定2006年为“中国乡村旅游年”，2007年国家旅游局和农业部（2018年组建农业农村部，不再保留农业部，下同）联合成立“全国乡村旅游工作领导小组”，并发布了《关于大力推进全国农村旅游发展的通知》，乡村旅游从不起眼的配角正式成为旅游业发展的中坚力量，从以往单一发展模式走向多元化立体发展，从各自为战走向全域发展。乡村旅游是我国旅游业的重要组成部分，呈现出超出其他旅游业态的蓬勃发展之势，旅游消费观念的转变，使越来越多的旅游者选择周末去乡村旅游地休闲、放松身心。乡村旅游已经和城市居民的生活密不可分，是提高城乡居民生活质量、繁荣农村、富裕农民、实现城乡一体化和经济社会持续发展的重要推动力量，是乡村产业的新亮点，社会主义新农村建设的内生动力，是促进新农村建设的新思路，对于促进贫困地区脱贫攻坚，解决“三农”问题，实现乡村振兴战略具有重要作用。

与此同时，国家也在加大对乡村基础设施的资金投入力度，逐步完善公路、水、电、网络等基础设施，满足旅游者基本生活需求。乡村旅游地从原来简单的“吃农家饭、住农家房、赏农家景”的模式，逐步向乡村度假转换。休闲农庄、精品民宿不断兴建，并配套种植、采摘等农事活动体验项目，增加了旅游者的参与度，满足了旅游者回归自然的需求，提升了旅游体验质量。乡村旅游的发展增加了就业岗位，提供了创业机会，实现产业扶贫，带动了农村产业结构调整，有效帮助农民增收致富，对决胜脱贫攻坚具有重要影响，受到各级政府的重视并大力推进。

乡村旅游的发展与城市化进程的加快有着密切联系，它是增加农村收入、推动农户脱贫的重要手段，同时也被视作促进农业农村经济发生变革的关键推动力。为此，国务院、国家旅游局和地方政府依据目前农业农村发展现状和存在的问题，出台了相应政策措施来支持乡村地区的发展。

2014 年，国务院印发关于新农村建设的相关意见，指出乡村旅游发展是新农村建设的重要组成部分，应对其予以高度重视。

2015 年，《国务院办公厅关于支持农民工等人员返乡创业的意见》指出，要大力支持和鼓励乡村地区开展自主创业，因此乡村旅游创客活动得到重点扶持。

2016 年，“中央一号文件”中首次提出，大力支持乡村旅游业和休闲农业的健康发展并使其最终成为农村新兴的支柱型产业。

2017 年，全国各地纷纷响应“中央一号文件”的指示精神，积极贯彻落实“旅游 +”政策，旅游扶贫工作不仅得到顺利开展而且成绩可观。

2018 年，《中共中央国务院关于实施乡村振兴战略的意见》正式发布，乡村旅游作为实现乡村振兴战略的重要领域，被写入“中央一号文件”。

2019 年，国务院提出大力促进乡村产业振兴，并印发实施了相应的管理条例和管理办法。

2020 年，农业农村部指出要大力发展乡村休闲旅游业，挖掘乡村发展亮点，实现产业融合发展。

2021 年，“中央一号文件”提出关注乡村休闲农业的发展，构建农业农村发展体系，完善农业农村相应配套服务设施，挖掘农业农村旅游发展的精品线路，同时不断推进农业农村相关产业的多元融合发展，有效推进产业示范园区的建设。

三、乡村振兴战略带动乡村地区旅游业发展

党的十九大报告指出，实施乡村振兴战略的关键是有效解决乡村问题，解决乡村问题的关键是促进乡村旅游业发展。2021 年的“中央一号文件”明确提出，发展乡村旅游业主要是打造农村农业全产业链、全面升级乡村精品旅游路线以及大力推进休闲农业开发建设工作，使得乡村振兴全面推进的目标得以实现。乡村旅游作为乡村振兴的内外驱动力，是解决农村人口就业、促进农民创收的有效渠道，同时也是引导城镇“反哺”农村的重要切入点和突破口。随着我国大力加强新型城镇化发展，尤其是加大推进休闲农业与乡村旅游产业的发展力度，休闲农业与乡村旅游不再是简单的农业的延伸与旅游业的补充，在旅游业强大的拉动作用下，它已经成为改善农民生活条件、促进农民就业增收、建设美丽家园、推动农业现代化和实现城乡统筹的重要手段。

近年来，乡村生态旅游在响应国家生态文明建设中得到快速发展，地方政府以相关政策为引领，积极响应国家战略，挖掘乡村独有的文化和特色旅游资源发展乡村旅游，在与乡村振兴有效衔接的基础上，从地方政府到国家层面均对农村地区发展给予较高期望。因此，想要实现乡村旅游的持续发展，必须不断完善农村基础设施建设，改善农村地区交通条件以及提高农村地区医疗卫生状况等硬件服务，同时也要做好农村地区企业项目落地和引进优秀人才等相应的软件服务，以为乡村旅游发展提供软、硬件双重保障。

四、乡村旅游发展促进地方乡村振兴

乡村旅游作为推进农村脱贫、农业振兴，增加农民收入的中坚力量，是新时代解决“三农”问题的重要途径。在实施乡村振兴战略的时代背景下，乡村旅游可持续发展的实现同样要以“产业兴旺、生态宜居、乡风文明、治理有效、生活富裕”作为总要求。其中，产业兴旺是基础，能够提升农民就业率和带动收入增加；生活富裕是追求，经济收入增长，能够进一步满足人民对于美好生活的向往。因此在充分利用能够收集到的指标数据的基础上，产业兴旺和生活富裕这两项发展要求可以用与经济发展水平相关的指标进行体现和衡量，即经济因素。生态宜居是保证，想要实现乡村旅游的可持续发展，保护并改善生态环境、实现永续发展是必然前提，因此生态宜居这项发展要求可以用生态因素进行体现和衡量。乡风文明是灵魂，乡村旅游文化底蕴的体现需要通过推动农村文化教育、挖掘乡村文化、培育优良民风来实现，因此乡风文明这项发展要求可以用文化因素进行体现和衡量。治理有效是核心，乡村治理良好，旅游者、当地居民、旅游企业、当地政府等乡村旅游利益相关者才能实现和谐稳定的发展，所以治理有效这项发展要求可以用社会因素进行体现和衡量。此外，乡村旅游的可持续发展还需要有完善、优质的基础设施作为配套支撑，因此使用发展支持因素进行体现和衡量。

五、实现乡村振兴与乡村旅游耦合发展是湛江市高质量发展的现实需要

《湛江市乡村振兴战略实施方案（2018—2020 年）》提出通过发展乡村旅游，建设生态美丽乡村。湛江市政府也将乡村旅游作为湛江市旅游行业的全新发力点，以“创建国家全域旅游示范市”为目标，倾力打造雷州半岛乡村旅游品牌。湛江作为传统农业大市，乡村旅游资源丰富，既有历史悠久的传统文艺活动，又有现代农业、休闲产业园，互动体验性增强，渔岛度假村、雷州足荣村、徐闻南极村、坡头炭之家等著名景区也成为吸引游客的好去处。2018 年上半年，广东乡村旅游接待人数 3.37 亿人次，占广东旅游接待人数的 56.25%，城市居民乡村旅游的热情日益高涨，乡村旅游常态化的趋势凸显。省内游客占比 71.5%，其中湛江乡村旅游接待人数为 1282 万人次，旅游业已经成为湛江市经济发展的重要引擎之一。在国家重视供给侧结构改革的大背景下，打造乡村振兴与乡村旅游耦合系统，促进乡村旅游产业转型升级，必将成为推动湛江市乡村旅游供给侧改革的重要战略举措。

第二节　研究意义

一、理论意义

本书力求以系统理论、耦合理论、可持续发展理论等为基础理论，通过对湛江市发展乡村旅游促进乡村振兴的发展现状进行深入探究，全面地、系统地、科学地结合具体典型案例开展现状调查、机理分析、规律研究和实现路径的归纳总结，获取理论成果以丰富旅游管理学、可持续发展理论和乡村振兴战略理论。本研究的理论意义有以下三点。

（1）综合利用多学科交叉理论，探究相关理论在乡村旅游发展推动乡村振兴中的理论价值和指导意义。

（2）厘清乡村旅游发展中各要素与乡村振兴五个方面的相关关系及作用，为后期研究提供参考。

（3）通过相关个案研究丰富旅游管理、可持续发展和乡村振兴等相关学科理论研究。

二、现实意义

（1）目前对于湛江市乡村旅游的研究较少，在供给侧改革的背景下，将乡村旅游与乡村振兴的目标有机融合，打造乡村振兴与乡村旅游耦合系统，可以为湛江乡村旅游扩容提质、转型升级，全面服务乡村振兴战略提供有力的参考和借鉴。

（2）通过对湛江市乡村旅游发展的深入研究，可有效激发湛江市乡村旅游发展活力实现其健康有序发展，对塑造湛江市乡村旅游特色、优化相关旅游资源配置和增强乡村旅游发展竞争力具有重要意义。

（3）以乡村旅游发展与乡村振兴的耦合机制理论研究为基础，结合湛江市的实际情况，建立乡村旅游发展与乡村振兴的耦合评价指标和评价模型，不仅可以指导湛江市的乡村振兴方案和具体实施措施，而且可以指导湛江市乡村旅游的转型模式和方向，促进湛江市乡村旅游与乡村振兴向协调方向发展。

第三节　研究内容

本书运用相关的概念和理论基础，对湛江市乡村旅游和乡村振兴的耦合情况进行研究，以期在乡村振兴的背景下，为湛江市乡村旅游的可持续发展提出对策和建议。

本书共分为六个章节。

第一章为绪论。主要介绍本书的研究背景及研究意义、研究内容与研究方法。

第二章为概念界定及理论基础。对本文所涉及的有关概念、理论进行了阐述和梳理。

第三章为国内外研究进展。进行文献资料的检索、查询、研读、归纳，对国内外关于乡村振兴、乡村旅游、乡村振兴与乡村旅游耦合等方面的研究现状进行梳理、分析。

第四章为乡村振兴与乡村旅游发展的耦合机理。分析乡村旅游发展与乡村振兴两个系统之间的耦合机理，剖析乡村旅游发展与乡村振兴的耦合运行机制和动力机制，梳理乡村振兴与乡村旅游耦合发展的各种类型。

第五章为湛江市乡村振兴与乡村旅游耦合的基础条件。分析湛江市乡村振兴和乡村旅游发展的现状，并指出目前发展存在的问题。

第六章为乡村振兴与乡村旅游耦合度系统构建。遵循全面客观、可操作性、量性平衡、动静统一的原则，运用理论分析法、专家咨询法、实地考察法对耦合评价指标进行设置和筛选，初步形成乡村旅游发展与乡村振兴耦合评价指标体系框架，结合湛江市2015—2019年数据，构建出湛江市乡村旅游发展与乡村振兴的耦合评价指标体系，并构建湛江市乡村振兴与乡村旅游发展耦合度系统。

第七章为湛江市乡村振兴与乡村旅游耦合发展案例分析。以徐闻县为例，深入分析徐闻县乡村振兴的发展现状，并对徐闻县乡村旅游与乡村振兴耦合发展的举措进行深入剖析。

第八章为湛江市乡村振兴与乡村旅游耦合发展建议。从“加速乡村振兴，为乡村旅游发展奠定良好基础”和“多渠道发展乡村旅游，助力乡村振兴”两个维度对湛江市乡村振兴和乡村旅游发展提出可行性建议。

第四节 研究方法

本书在研究过程中整理和收集了大量相关资料和文献，尤其是乡村振兴和乡村旅游实施方面的相关内容，对其中的观点进行整理和描述，同时以焦点访谈、问卷等形式进行调研，最后得出结论。在此期间采用如下研究方法进行研究。

1. 文献分析法

通过CNKI中国知网资源总库、Web of Science、中国优秀博硕士学位论文数据库、百度学术，查阅与乡村旅游、乡村振兴、耦合协调度等相关的文献，包括大量关于乡村旅游开发、基于乡村振兴战略背景下的乡村旅游发展、利益相关者理论等国内外文献，对已有的研究基础进行归纳整理，总结方法。

2. 调查问卷法

通过发放不记名调查问卷的方式，对湛江市游客就乡村振兴与乡村旅游的发展现状进行调查，并通过实际调查数据的分析整理开展对湛江市乡村旅游的问题分析。

3. 个案研究法

根据徐闻县的实际情况以及调研获得的数据，了解徐闻县乡村旅游和乡村振兴耦合发展的相关举措，并为类似地区乡村旅游的发展到实现“多村振兴”的良好过渡提供相应的建议。

第二章　概念界定及理论基础

第一节　相关概念界定

一、乡村旅游

乡村旅游是一种以乡村环境为背景、以农业生产生活为依托、以农事民俗为对象的旅游形式。近年来，乡村旅游以其特殊的魅力、迅猛的发展、满足近距离市场需求的特征，成为我国最具发展潜力的旅游活动。在中国，乡村旅游的作用不仅体现在满足人民群众需求、缩小城乡差距、提高生活质量等方面，而且体现在推动新农村建设、统筹城乡协调发展、推进乡村小城镇建设等领域。乡村旅游已成为全球发展最快、最受欢迎的旅游活动形式，其主要特征主要包括乡村旅游内容的多样性、广泛的参与性、地域的差异性、产品的季节性和消费的大众性等。

二、乡村振兴

党的十九大报告中提出“乡村振兴”的概念，并指出其具体目标，科学界

定了其内涵，即“产业兴旺、生态宜居、乡风文明、治理有效、生活富裕”。20字方针简明概括了乡村振兴战略的目标和任务，得到了学术界的普遍认同。

乡村振兴战略是新时代“三农”工作的主要抓手，是为从根本上解决“三农”问题、推动城乡融合发展、加快农业农村现代而部署的重大战略。其实质就是要通过制度设计和政策安排，在城乡发展中实施更加偏向农村的发展战略，进一步促进人力、资金、信息和技术等生产要素在城乡之间自由流动和平等交换，在实现资源优化配置的同时实现城乡所有者权益格局的重构。具体而言，就是要在规划布局、要素流动、产权改革、生态保护、文化振兴、人才体系等方面积极推进，建立健全城乡融合发展的体制机制和政策体系，彻底解决城乡发展不平衡、农村发展不充分的难题，实现城乡高质量发展。

三、耦合

耦合源于物理学，描述系统内部各要素间的相互作用或相互影响，而系统内的个体如何利用这些作用或影响合理有效推进。当系统之间的个体存在正的相互作用、相互促进发展时，就可以称之为良性耦合。

乡村振兴和乡村旅游可以分别视为产业升级中两个相互独立、彼此影响而又协同发展的系统，两个系统相互作用、彼此影响，共同构成一种复杂、动态的耦合关系。系统耦合过程中往往蕴藏着复杂的变化，伴随着生产要素、信息的流动，通常有两种效果：一是打破原系统之间彼此独立运作的模式，形成新系统；二是通过子系统的内涵与动力机制的影响生成新系统与功能，新的系统不但可以弥补原系统存在的问题。还能有效协调，最终实现协同发展的目标。

第二节　乡村振兴与乡村旅游相关理论

一、乡村振兴战略

2017 年，党中央提出实施乡村振兴战略。实施乡村振兴战略是推动农业农村现代化的重大战略部署，是新时代开展“三农”工作的总抓手。为了进一步深化乡村振兴战略，从 2018 年起，党中央先后发布《关于实施乡村振兴战略的意见》《乡村振兴战略规划（2018—2022 年）》《关于全面推进乡村振兴加快农业

农村现代化的意见》等一些关于乡村振兴战略的文件，在文件中明确指出了实施乡村振兴战略的指导思想、目标任务、根本原则等农业农村发展的相关内容。

（一）乡村振兴战略的提出及其内涵

新时代，我国农业农村发展进入新阶段。党中央深刻把握农业农村发展现状和当前我国经济社会发展需要，意识到必须要把农业农村工作作为全党工作的重中之重深入推进。为此，十九大报告提出，实施乡村振兴战略“要坚持农业农村优先发展，按照“产业兴旺、生态宜居、乡风文明、治理有效、生活富裕”的总要求，建立健全城乡融合发展体制机制和政策体系，加快推进农业农村现代化”。以此为基础，进一步对实施乡村振兴战略的内涵、原则、目标、要求、任务等进行研究。

1. 乡村振兴战略的提出

一直以来，党中央始终把“三农”问题作为工作的重中之重，持续推进农业农村快速发展。党的十八大以后，党和政府高度重视农业农村发展，并取得一定成效。据联合国恩格尔系数区间显示，我国农村居民恩格尔系数由 2017 年的 31.2 下降至 2021 的 29.8，达到联合国根据恩格尔系数划分的富足标准。农村经济发展带动农业产业发展，农业生产效率不断提升，农业综合生产能力大幅增长，粮食产量稳步提升。农村基本医疗卫生等公共服务水平不断提升，部分公共服务水平趋近于城市水平。随着我国精准扶贫战略的大力实施，我国贫困人口由 2017 年的 3046 万人到 2021 年消除绝对贫困，我国的脱贫减贫工作取得举世瞩目的成绩。从党的十八大以后，我国农村经济建设稳步提升，物质产品极大丰富，为实施乡村振兴战略提供了重要的发展基础。

但需要注意的是，当前我国农村仍然存在许多问题，我国发展不平衡不充分问题在乡村最为突出。在过去，我国农村发展以资源消耗、环境污染为代价，导致了农村生态资源趋紧，环境污染严重。水资源、耕地资源是农业发展必不可少的资源，也是农村最宝贵的财富。长期以来，我国农村始终存在水资源、耕地资源短缺的问题，我国用世界 7% 的耕地养活了 22% 的人口。在质量上，我国中等耕地和低等耕地占总耕地面积比重超过三分之二。农业用水损失率超过 50%，普遍高过发达国家和部分发展中国家。在优质农产品供给上，供需不平衡、供给短缺的问题十分明显。我国农村在传统的农业生产模式下，化肥、农药过量使用，导致农产品质量严重受损，食品安全问题依然存在。农村问题还表现在农村资源的空置上。由于我国农村经济长期落后于城市，导致大量的农民进城务工，房屋废弃、闲置的情况比较普遍。长时间以后，农村房屋整体呈现破、旧、乱的情况。部分地区农村比较偏僻、地形复杂，以深丘、山地为主的村土地撂荒现象依然存在。随着我国经济社会快速发展，农村存在的种种问题已经严重制约着我国现代化建设，必须加以解决。

实施乡村振兴战略是在我国经济持续向好、农业农村发展取得显著成就的基础上提出的推进我国城乡协调发展，解决农村突出问题的重要战略部署。继十九大报告之后，《关于实施乡村振兴战略的意见》进一步明确，实施乡村振兴战略“要统筹推进农村经济建设、政治建设、文化建设、社会建设、生态文明建设和党的建设，加快推进乡村治理体系和治理能力现代化，加快推进农业农村现代化，走中国特色社会主义乡村振兴道路”。至此，乡村振兴战略正式在我国确立。乡村振兴战略是以习近平同志为核心的党中央站在中国特色社会主义进入新时代的历史方位下根据当前我国的基本国情对“三农”工作做出的重要战略部署，成为新时期开展“三农”工作的总抓手。

2. 乡村振兴战略的内涵

进入新时代，基于我国社会主要矛盾的变化，乡村振兴被赋予了更加丰富的内涵。从党中央对乡村振兴战略的论述来看，其内涵包括五个方面：乡村振兴战略关系农业农村农民问题，乡村振兴战略要坚持农业农村优先发展，以全面振兴为内在要求，以城乡融合发展为途径，以实现农业农村现代化为目标。

乡村振兴战略关系农业农村农民问题。乡村振兴是全局性的重要战略部署，全面覆盖农业农村农民问题。实施乡村振兴战略首先要大力发展现代农业，坚持质量兴农、绿色兴农、科技兴农的基本线路，推动农业供给侧结构性改革，逐步完善农业体系，引导农业生产向高质量、创新性发展。其次要改善农村生态环境、培育乡风文明和提高治理能力。改善农村生态环境要加强生态环境整治，实现生态宜居乡村目标；培育乡风文明要加强文化内容和形式创新，不断提高乡村文明程度；提高治理能力“要健全党组织领导的自治、法治、德治相结合的乡村治理模式，构建共建共治共享的社会治理格局，走中国特色社会主义乡村善治之路”。最后要着力提高农民的生活水平，按照抓重点、补短板、强弱项的要求，加快农村发展，千方百计拓展农民增收渠道提高农民的收入水平，让农民群体有幸福感、获得感。

乡村振兴战略要坚持农业农村优先发展。长期以来，我国一直走在工业化和城镇化道路上，农村大量的人力和物资源源不断地输送到城市，带动城市快速发展，最终导致农业农村发展远远滞后于城市发展水平，城乡发展不平衡由此成为我国社会发展中最大的不平衡。为了解决城乡发展矛盾问题，乡村振兴必须坚持农业农村优先发展，要着力解决农产品阶段性供给不平衡的问题，提高农业供给质量；培养新型农民队伍，提高农民群体市场竞争力，满足生产力发展的要求；加强农村基础设施建设，修复和改善农村生态环境；拓宽农民就业渠道积极为农民创收提供机会；建立健全农村医疗卫生保障体制机制；健全基层治理体系和能力现代化建设；创新农村金融体制机制，推动城乡资源流动互通互融。

乡村振兴战略要以全面振兴为内在要求。实施乡村振兴战略明确要按照“产业兴旺、生态宜居、乡风文明、治理有效、生活富裕”的总要求持续推进。20字总要求从经济、政治、文化、社会、生态五个方面对乡村振兴战略做出定位，既是对党的十八大提出的“五位一体”总体布局的回应，也与乡村振兴战略五大振兴目标相契合。乡村振兴，产业兴旺是重点。推动农村经济建设，按照产业兴旺的要求，激发农村产业活力，实现产业振兴目标。乡村振兴，生态宜居是关键。推动农村生态文明建设，按照生态宜居的要求，保护和恢复乡村生态环境，实现生态振兴目标。乡村振兴，乡风文明是灵魂。推动农村文化建设，按照乡风文明的要求，培育文明乡风内容和形式，实现文化振兴目标。乡村振兴，治理有效是保障。推动农村政治建设，按照治理有效的要求，在人才队伍的支撑下构建自治、法治、德治相结合的乡村治理体系，实现人才振兴目标。乡村振兴，生活富裕是根本。推动农村社会建设，按照生活富裕的要求，以基层组织为重要抓手，带领农民发家致富，让广大农民生活好起来、富起来，有幸福感和获得感，从而实现组织振兴。

乡村振兴战略要以城乡融合发展为途径。我国长期实行城乡二元发展结构，实行农业支持工业、农村支持城镇的发展模式，导致城镇汇集了更多优质资源，发展速度远超农村。习近平总书记指出：“改革开放以来，我国农村面貌发生了翻天覆地的变化。但是，城乡二元结构没有根本改变，城乡发展差距不断拉大趋势没有根本扭转。根本解决这些问题，必须推进城乡发展一体化。”城镇化是经济社会发展的必然阶段。当前，我国仍然处于城镇化高速发展的阶段，未来仍会有大量的农村人口涌向城镇。因此，乡村振兴要积极与城镇融合，使两者互为支撑、相互促进。一方面要充分发挥政府的规划引导作用，更为主动地将财政投入向农村倾斜、社会建设公共资源向农村投放、基础公共服务向农村延伸，解决好广大农民最关心、最直接、最现实的问题。另一方面要发挥市场在资源配置中的作用，引导更多的社会力量投入农村建设，释放农村庞大的潜力。

乡村振兴战略要以实现农业农村现代化为目标。党的十九大以后，我国在即将全面建成小康社会之际，党中央对我国社会主义建设提出了更高的目标和要求，即到2035年我国基本实现现代化，2050年建成社会主义现代化强国。社会主义现代化建设包括工业、农业、军事、科技等方方面面的内容，农业现代化也必然是其重要组成部分。习近平总书记指出：“新时代‘三农’工作必须围绕农业农村现代化这个总目标来推进。”乡村振兴实现农业农村现代化，一是要实现农业现代化，创新农业科技，加强科学技术在农业生产中的应用，从而提高农业生产效率；二是要实现农村现代化，加强生态环境建设、乡村文明建设、治理水平建设，实现农村生态宜居、乡风文明、治理有效的现代化水平，建成社会主义新农村；三是要实现农民生活富裕，要千方百计为农民创造就业机会，增加低收入群体收入，扩大中等收入群体规模，提高农民整体生活水平。

（二）乡村振兴战略的原则与目标

原则是行为的标准，目标是行为的导向。科学的原则和明确的目标为实施乡村振兴战略提供了基本遵循和工作方向。在《关于实施乡村振兴战略的意见》中，

对于实施乡村振兴战略的基本原则和主要目标作了具体阐释。本书通过解读乡村振兴战略的基本原则和主要目标，为乡村振兴与乡村旅游的耦合关系研究奠定扎实基础。

1. 实施乡村振兴战略的基本原则

实施乡村振兴战略有明确的基本原则。在《关于实施乡村振兴战略的意见》中，明确指出实施乡村振兴战略的七项基本原则，成为实施乡村振兴战略的重要遵循。

一是坚持党管农村工作。毫不动摇地坚持和加强党对农村工作的领导是中国共产党对一切工作的领导在农村的具体体现，要确保党在农村工作中的全面领导和协调各方权益的作用。

二是坚持农业农村优先发展。坚持农业农村优先发展要在经济社会发展中把解决农业农村问题、实现农业农村现代化作为首要任务，从要素配置上优先满足农业农村发展。

三是坚持各村农民主体地位。农民是农村的主人，乡村振兴战略的最终关注点是农民，脱离农民去谈农业农村问题是典型的舍本逐末。要充分尊重农民意愿，始终坚持为了农民、依靠农民、农民共享的原则，不断提升农民的获得感、幸福感。

四是坚持乡村全面振兴。乡村振兴战略最终要实现农业农村现代化，这里的现代化不能仅仅局限于物质、精神领域的现代化，而应该

是设计农村“五位一体”建设新格局等的全面现代化，实现乡村全面振兴。

五是坚持城乡融合发展。推动城乡要素互融互通，提高市场在乡村振兴中的地位和作用，这是新时代实现农业农村现代化的重要途径。

六是坚持人与自然和谐共生。人是自然的一部分，人与自然和谐共生是经济社会发展所必须遵循的客观规律。推动乡村振兴走绿色发展道路，以绿色发展引领乡村振兴是实现人与自然和谐共生的时代选择。

七是坚持因地制宜循序渐进。我国农村数量多、分布广，要准确把握不同地区、不同主体之间的差异性，注重规划引领，发挥不同主体的优势，助力实施乡村振兴战略。

2. 实施乡村振兴战略的主要目标

进入 2021 年，乡村振兴战略要按照两步走，到 2035 年实现中期目标以及到 2050 年实现长远目标，更好地以目标导向引领发展。

第一阶段：到 2035 年，乡村振兴取得决定性进展，农业农村现代化基本实现。在生态环境方面，生态环境得到根本性好转，人居环境明显好于城市水平，美丽宜居乡村基本实现。在产业发展方面，农业供给侧结构性改革进一步深化，农业结构得到根本性改善，农业综合生产力实现巨大提升，三产融合取得重大突破。在生活富裕方面，农民生活质量显著提升，相对贫困进一步缓解，实现城乡共同富裕稳步迈进。农村精神文化建设质与量协同发展，乡风文明达到新高度。农村基础设施建设水平达到城市水平，城乡基本公共服务均等化基本实现，城乡融合发展体制机制更加完善。在乡村治理方面，坚持党的领导持续深化，自治、法治、德治“三治”融合取得重要成效，党的农村工作领导体制机制总体完善。

第二阶段：到2050年全面建成社会主义现代化强国之际，乡村全面振兴，农业强、农村美、农民富全面实现。在这一阶段，按照乡村振兴战略“产业兴旺、生态宜居、乡风文明、治理有效、生活富裕”的总要求，乡村全面实现产业振兴、生态振兴、文化振兴、人才振兴、组织振兴，总体实现农业农村现代化。也就是说，作为社会主义现代化强国的重要组成部分，到2050年，全面实现乡村振兴，要把城乡一体化作为重要标准，总体表现为不仅要在生态环境方面超过城市水平，而且要在产业发展、乡风文明、乡村治理、生活质量等方面不落后于城市水平。

（三）乡村振兴战略的要求与任务

新时代，实施乡村振兴战略要在“五位一体”总体布局下，要按照20字总要求，持续推进乡村五大振兴，最终努力实现农业农村现代化。

1. 乡村振兴战略的要求

党的十九大报告中明确把“产业兴旺、生态宜居、乡风文明、治理有效、生活富裕”作为实施乡村振兴战略的总要求。这20个字不仅仅是对十六届五中全会提出的社会主义新农村建设的20个字的简单丰富和发展，更是面向未来对农村建设提出了更高要求，需要结合新时代乡村发展状况进一步理解。

产业兴旺是乡村振兴的中心任务，是新时代实现农产业更高质量发展、农村经济更快速发展、农民生活水平更加富裕的必然要求。习近平总书记指出，“产业是发展的根基，产业兴旺，乡亲们收入才能稳定增长。”产业发展不仅要农业兴，更要百姓旺，努力让乡村呈现五谷丰登、六畜兴旺、三产深度融合的新景象。实现产业兴旺要夯实农业生产能力基础，以农业供给侧结构性改革为主线，坚持质量兴农，推进农村质量和数量稳步提升；坚持绿色兴农，改善农村空气、土壤、水等生态环境问题，以更加严格的生态标准助力农业发展；坚持科技兴农，深化农业科技成果创新和转化应用，积极参与数字农业建设，通过科技的力量让产业发展驶入快车道。要构建三产融合发展体系，在第一产业稳定发展的基础上，

拓展延伸农产品加工、农业观光旅游、健康养老等产业，促成集农业种植、养殖、加工、观光等于一体的产业发展体系。

生态宜居是乡村振兴的关键，是新时代全面贯彻落实习近平生态文明思想，稳步推进生态文明建设的重要体现。习近平总书记讲过：“良好的人居环境是广大农民的殷切期盼，要坚持绿色发展，打造农民安居乐业的美丽家园，让良好生态成为乡村振兴的支撑点。”乡村振兴要准确把握自身优势，持续扩大优势成为自身发展的重要力量，让生态优势成为乡村发展的宝贵资本。实现生态宜居要把山水林田湖草作为一个生命共同体，进行统一保护、统一修复，加强农村突出生态环境问题综合治理。要构建绿色生产方式，牢固树立和践行“绿水青山就是金山银山”理念，推动乡村自然资本加快增值，努力把优质生态资源转变成优质生态产品，从而增加农业生态产品供给，提高农业生态服务能力，让老百姓种下的“常青树”真正变成“摇钱树”。要构建绿色生活方式，一方面要为村民营造出天蓝地绿水清的生产生活环境，提供优质生态产品，让更多村民吃上“放心饭”“生态饭”，

另一方面要树立节约环保的生活方式，将绿色饮食、绿色出行、绿色住宿融入日常生活中，塑造良好的生活环境。

乡村文明是乡村振兴的灵魂，是新时代中国特色社会主义核心价值体系建设的重要内容，是满足广大农民群体日益增长的美好生活需要的思想保障。全面实现乡村振兴，必须坚持物质文明和精神文明两手一起抓，既要“口袋富”也要“脑袋富”。习近平总书记讲过，“国无德不兴，人无德不立。”开展乡风文明建设要以社会主义核心价值观为引领，将社会主义核心价值观与农村基本情况相结合，使社会主义核心价值观深入人心。要传承和发展农村优秀传统文化，吸收外来优秀文化成果，不断创新文化内容、文化表达形式、文化传播媒介等，丰富农村文化内涵和形式。加强农村公共文化建设，通过制定村规民约，丰富文化内容和形式，逐步建立健全农村文化体系。

治理有效是乡村振兴的重要保障，是国家治理体系和治理能力现代化建设的重要内容，是实现全面深化改革的内在要求。党中央提出乡村治理“要健全党组织领导的自治、法治、德治相结合的乡村治理模式，构建共建共治共享的社会治理格局，走中国特色社会主义乡村善治之路”。要充分明确和发挥党在乡村治理中的领导地位，坚持党委统一部署领导、党员干部带头参与、党员同志发挥先锋模范作用，建成党委领导的乡村治理模式。要构建自治、法治和德治相融合的“三治合一”乡村治理模式，努力调动广大农民群体参与乡村治理的积极性、主动性，发挥广大村民的作用；坚持有法可依、有法必依，使乡村治理有条不紊地开展；通过开展德治提高村民的整体素养和自觉意识，有效提高自治和法治的效能。乡村治理体系不仅需要政府和村民参与，而且要充分发挥企业、高校、科研单位等各界社会力量参与，最大程度形成合力解决乡村治理难题问题，实现共建共治共享的社会治理格局。

生活富裕是乡村振兴的出发点和落脚点。是满足农民群体对美好生活需要的根本体现，是全面小康的内在要求。“亲为政者，贵在养民；善治国者，必先富民。”乡村振兴的最终目的就是让广大农民生活得更加富足，让农民群体有幸福感、获得感。要积极探索多种渠道的就业途径，引导村民本地创业、就近务工等融入乡村产业改革发展中，实现产业融合发展与农民收入水平同比增长。要持续改善农村公共基础设施建设，优先发展农村教育、医疗、养老等事业，持续改善住房、公厕、养老院等基础设施提档升级，从而提高农民群体的故乡情怀，为农民群体留下来、返回来提供最大程度的支持。要持续改善农村居住环境，努力修复改善环境，为农民提供清新空气、干净饮水，建成天蓝地绿水清的美丽乡村，还广大农民群体一个优美的家。

2. 乡村振兴战略的任务

实施乡村振兴战略要推动乡村产业振兴、人才振兴、文化振兴、生态振兴、组织振兴。新时代，实施乡村振兴战略要在“五位一体”总布局下，推进农村经济、政治、文化、社会、生态全面发展，实现乡村全面振兴。

产业振兴是乡村振兴的基础，是解决一切农村问题的前提。产业振兴一头连着农民的钱袋子，一头连着乡村振兴的发展动力。只有产业振兴，乡村才有活力，农民才有幸福感、获得感。2019 年国务院印发《关于促进乡村产业振兴的指导意见》，明确提出了产业振兴的基本原则、目标任务、政策措施等，丰富了产业振兴的内涵。过去，我国农村以小农经济为主，产业链条短、增值空间小、就业岗位少，带动农民增收的能力非常有限。现在，随着农村公路交通、通信网络等基础设施不断完善，再加上土地、人力成本等相对较低的优势，越来越多的社会力量下乡，参与乡村建设。近些年，经过一系列变化，乡村产业发展状况明显改善，一二三产业融合发展取得一定成效。到2021年2月，中国向世界庄严宣告，我国脱贫攻坚战取得了全面胜利。今后，要继续大力发展农村产业，努力拓宽农民增收渠道，把产业扶贫作为巩固脱贫成果、防止返贫的根本之举。

人才振兴是乡村振兴的依靠，没有人，乡村振兴就无从谈起。过去的农村，农民一直从事传统农业种植，农民的受教育程度低，技术能力往往来源于农业种植经验，缺少现代化的技术能力。同时，改革开放以后，我国数以亿计的农村人口转移进城，截至2020年末，我国常住人口城镇化超过60%，外出农民工人数接近3亿，总体呈现良好上升态势。但从实际情况来看，即使我国城镇化率到达70%，也还有4亿人留在农村。而且大多数离开农村的农民为青壮年或有技术本领的人才，留在农村的多是老弱妇幼，劳动能力明显不足。“谁来种地、谁来兴村”的问题越来越突出。因此，新时代乡村振兴必须要解决人的问题：乡村振兴的人从哪里来，靠谁来发展产业、建设乡村。

文化振兴是乡村振兴的灵魂，缺失文化的乡村振兴难以保持长期稳定发展。实施乡村振兴要物质文明一起抓，将农耕文化与现代文化相结合，塑造更高质量的乡村文明。农耕文化是我国农业的宝贵财富，是中华文化的重要组成部分，不仅不能丢，而且要不断发扬光大。我国农耕文明源远流长，十分深厚，包含了孝老爱亲、扶危济困、诚实守信、邻里守望等农村优秀传统文化，是新时代提振农村精气神的宝贵财富。但近些年，在物质金钱的冲击下，优秀的传统乡村文化逐渐式微，一些不良的社会风气弥漫在农村，天价彩礼、人情礼金等屡见不鲜。新时代，乡村振兴要把文化振兴作为重要内容，积极弘扬社会主义核心价值观，保护优秀传统乡村文化，结合现代优秀文化，丰富乡风文明。

生态振兴是乡村振兴的支撑，要让良好的生态环境成为推进乡村振兴的重要支撑点。过去农村一直把焦点放在吃饱、穿暖等解决基本的物质需要上，现在农村经济发展了，农民不愁吃、不愁穿，新房也盖起来了。新时代，乡村只有住房现代化是不够的，没有山清水秀、天蓝地绿的优美生态环境，农民也难以获得幸福感。目前，农村如厕难、环境脏、垃圾乱堆、污水乱排、村容村貌差等生态环境问题还较为突出，成为农民生活品质提升和人才下乡返乡的阻碍。实施乡村振兴战略要做好生态资源保护、垃圾污水处理、废弃物资源化利用、村容村貌提升等工作，扎实推进乡村生态振兴。

组织振兴是乡村振兴的保障，是实现乡村繁荣稳定的重要保障力量。乡村一直以来是党的重要执政根基。党领导农村工作一直是我们的传统，不仅不能丢，而且要继续深化。过去，我国农村一直处于人情社会，人情大过法治，政府的力量难以深入农村基层。随着党中央高度重视乡村基层党组织建设，党对乡村的领导逐步完善和深入，党在农村发展中的地位和作用越发突出。近些年，农村经济取得了快速发展，但农村人口结构、乡村形态、农民思想、利益诉求等问题越发突出，乡村治理更加复杂。实施乡村振兴战略要抓住农村基层党组织建设这个牛鼻子，能够让农民自己“说事、议事、主事”，努力打造充满活力、和谐有序的乡村社会。

二、乡村旅游

（一）乡村旅游的内涵

乡村旅游一般是指在传统乡村休闲游和农业体验游的基础上，以不同于城市的独特景观和风俗文化作为吸引，凭借着乡村景观和生态环境等资源，拓展开发会务度假、休闲娱乐等项目的旅游方式。国内外学者对于这一名词的定义有很多，欧盟和世界经济合作与发展组织以活动地点作为出发点，将乡村旅游这一名词定义为一种在乡村的旅游活动。国内学者如翁伯琦等（2016）认为乡村旅游是凭借着其本身特有的自然风光和历史文化资源作为吸引游客的地方，发展而成的一种旅游活动。苏飞（2017）认为乡村旅游是借助乡村自然资源、乡村文化资源、乡村农事活动和民俗文化作为材料，形成了集度假娱乐、观光学习、休闲健身于一体的旅游体验活动。

（二）乡村旅游发展模式

发展模式是指一个国家或地区在一定时间的历史阶段，在伴随发展很长的一段过程里面，根据自身的历史背景、经济和文化条件，再聚集自己的系统结构、思维模式、行为方式等做出的战略决策。不同的学术研究对待发展模式的态度也各不相同，包括宏观和微观的发展模式，经济、社会、文化的发展模式，企业、集体、个体的发展模式等，归根结底都是基于一种组织制度的战略方式。根据对发展模式的不同定义，本书将乡村旅游发展模式定义为：在乡村旅游发展过程中，通过不断实践和总结，归纳出的具有广泛性和普适性的乡村旅游发展形势。并按照项目主体的不同，将乡村旅游发展模式分为以下几种。

一是政府主导的开发模式。由国家和地方政府作为主导，根据所开发乡村所在地区的市场需求，依托所开发地区的农业资源，参与规划、管理、运营和营销等活动的一种模式，该模式有利于改善乡村基础设施的建设，根据乡村现实情况、自身条件进行建设，避免盲目模仿。

二是“企业 + 农户”主导型开发模式。这种模式是由当地的村民参与投资的一种旅游开发经营模式，根据其参与群体的不同，分为“合作社 + 农户”模式、“示范农户 + 农户”模式、现代农庄帮带模式。该模式有利于地方控制达到最大化，使各个投资主体联合形成利益共同体。

三是企业主导型模式。通常是由企业的投资者通过资金投入的方式来取得乡村旅游资源的全部使用权，获得独立开发的模式。该模式是由企业作为主导，因此其管理能力强、产品富有特色。该模式能够有效增加乡村就业机会，促进乡村当地的经济发展。

（三）乡村旅游高质量发展的特征

新时期的中国经济正处在转变发展方式、优化经济结构、转换增长动能的关键期。乡村旅游作为国民经济的组成部分，转方式、调结构、转动能也是乡村旅游未来高质量发展的趋势。乡村旅游不同于农业与工业，它们不但在产品生产过程上有差别，还存在产品是否可见的形态差异等。同时，乡村旅游作为服务业的一类产业，隶属于旅游业的子类，但与旅游业也存在差异，既不同于自然景区旅游也不同于文物古迹或是主题公园的旅游，它更倾向于一种情境转化的旅游。鉴于乡村旅游的特殊性，结合乡村旅游高质量发展的逻辑和内涵，可得出乡村旅游高质量发展的特征如下。

1. 乡村居民的积极参与

乡村旅游的发展前提就是旅游活动地发生在农村。农村作为乡村居民的生活作息基本场所，乡村居民是乡村自然旅游资源的广义所有者，也是农村一切经济社会活动的主体。主体的行为与语言行为都会构成乡村旅游活动的内容，同时也会成为旅游者情境转换的因素。因此，脱离了乡村居民的乡村旅游如同一副没有血肉与情感的空壳，缺乏生机与活力。乡村旅游与景区旅游相比，它没有景区旅游的资源禀赋；与主题公园相比，没有主题公园的创意；与其他旅游行业相关的服务业相比，没有服务业发展的聚集效应。如此，脱离乡村居民的乡村旅游，尽管归属地在农村，但缺乏农村生活赋予的灵性，核心竞争力就会丧失，消费者效用价值将无法实现。

乡村居民的参与是乡村旅游产品高品质的重要构成。其参与形式有很多种。从参与的程度，可以分为积极参与、普通参与被动参与；从参与的身份，可以分 为股份形式参与、普通员工参与；从参与的态度，可以分为热情参与、冷漠参与、干扰参与等。从道德风险的研究前提来分析，任何经济活动的发生，参与者的行为都具有不确定性，因此，如何降低信息不对称带来的风险，激发参与者的积极性至关重要。同时，在乡村旅游高质量发展背景下，当地居民的获得感与幸福感既是高质量发展的重要内容，也是消费者旅游满意度提升的重要指标。当地居民的参与行为将直接影响乡村旅游发展的效应。

2. 资源开发的因地制宜

农村与城市是随着城乡二元结构而发生愈发显著的区分。在初期，农村因人均收入普遍低于城市，被视为贫穷落后的区域。但随着工业化与城镇化的进一步加深，城镇人口逐渐增多，留守在农村的人口日益减少。当前，农村的“绿水青山”被视为“金山银山”，农村区域成为众多城镇人员心中放松、自由、宁静、悠闲的代名词，但是，若所有的乡村旅游目的地都给人以同一感受与体验，没有差异化的乡村旅游产品，势必会带来同质化的竞争以及消费者审美疲劳。乡村旅游的产品主要是无形产品，不能像农业与工业产品那样批量生产。乡村旅游产品的生产具有个体性特征，特色发展成本要比批量生产成本高得多，但批量生产、同质化竞争只会导致乡村旅游业成长停滞。因此，从产业成长角度来看，乡村旅游业差异化路线势在必行。

气候、地形以及中华五千年文明发展史给不同地域的农村带来不同的特征，造成不同区域乡村的语言、饮食结构、乡俗风情、传统文化、农作物种植等差异，这也为乡村旅游业差异化发展带来禀赋优势。因此，乡村旅游业高质量发展的差异化路线可以根据区域特点和资源禀赋，以市场为导向，因地制宜，科学规划，积极开发特色化、差异化、多样化的乡村旅游产品，防止大拆大建、千村一面和城市化翻版，避免低水平同质化竞争。

3. 品牌发展的创新引领

随着旅游消费观念向着多样化与体验化转变，旅游消费者对乡村旅游的需求也越来越高。简单的乡村非遗博物馆、农具展现等已经不能让消费者深刻感悟农业文化传承的精神。旅游消费者对旅游的需求从观赏性逐渐走向参与式与体验式的需要，对于旅游者来讲，他们不仅仅需要视觉上的感受，还需要精神上与行动上的共同感悟。因此，只有将农村现有资源进行活化利用，引入创新元素，才能吸引消费者的加入。同时，现在消费者不仅仅有着对旅游产品的需求，还包括对旅游过程舒适度的需求，特别是随着数字经济时代的到来，人们不仅希望旅游目的地乡村性的保持，还希望乡村旅游能够给自己带来“家”的感觉以及新的体验，这就要求加大乡村基础设施建设，要充分考虑到消费者的生活便利性、乡村旅游的可通达性、旅游产品的安全性，在这些基础设施的建设中注入创新元素。

当创新带来旅游硬件与软件发生转变时，就可以通过数字基础设施，对乡村旅游品牌进行宣传。将乡村旅游差异化赋予其特色的乡村旅游产品依托电子商务走向消费终端，通过强化乡村旅游与运营商合作，畅通商流、信息流、资金流、人才流，来有效推进乡村旅游多渠道传播、多途径升级转型，实现乡村旅游产品的品牌价值。

4. 融合共享的和谐发展

旅游业属于综合性产业，产业链条较长，与多个产业之间都存在交集。乡村旅游作为旅游业的分支，同样也需要多个行业与产业的支撑。特别是乡村旅游发展目的地隶属于农村，离不开农业这个基础支撑条件，同时也需要工业提供相应旅游产品，服务业提供吃、住、行、娱、游、购等多领域的支撑与融合。与此同时，乡村旅游业要不断挖掘新动力，结合资源特色朝着新业态模式转变，如乡村旅游业与康养、体育、教育、科技、文化创意等融合，形成新的乡村旅游核心竞争力。

同时，乡村旅游资源的属性与城市资源属性存在一定的区别，城市资源分为国有资源与私人资源，界限清晰，而乡村旅游资源属于国有与集体所有以及私人拥有等多重产权属性。正因为这种多重产权属性的存在，乡村旅游资源的激活需要部门联动，统筹推进。特别是在市场经济作用下，充分运用市场自身的效率机制，改革农村土地、规划、建设、户籍及文化管理体制，使之适应农村文化市场的发展，从而完善乡村旅游市场发展的政策环境。这对于乡村旅游发展具有重要的现实意义。

第三节　相关理论

一、系统理论

系统论是理论生物学家贝塔朗菲于1952年创立，1973年在“抗体系统论”中提出系统论思想，奠定系统论科学的理论基础。系统是由两个以上要素组成的具有整体功能和综合行为的统一体，要素之间具有相互关联性是构成系统的必要条件。任何系统都是有机整体，不是各部分简单相加的总和。系统中各要素不是孤立存在，而是在所处的位置上发挥特定的作用，相互关联的要素构成一个整体。

系统论是以系统动力学为基础，将所研究对象置于系统中加以考察。通常认识物质要研究物质运动，开放系统能够与外界环境有物质、能量和信息交换，开放系统是指系统边界与外部有各种交互作用的系统，当外部环境发生变化时，会促使系统达到某一稳定状态，开放性是系统存在和发展的前提，彼此之间相互交流、相互影响，从无序状态走向有序，从而使系统走向稳定。系统论强调系统的整体性，在系统整体中，部分是构成整体的前提，不能离开整体而存在，同时整体又会受到部分的制约，才能成为整体。这意味着，各个子系统一旦组成系统整体，就具有独立系统所不具有的性质和功能，形成新的系统。这也是系统动态性的表现，具有自适应、自组织作用的演变过程。

本书从系统论的角度研究乡村振兴与乡村旅游耦合发展，耦合发展是两个或两个以上系统耦合在一起，形成一个结构更为紧密、功能更强、彼此作用的全新系统，不仅是系统间耦合，还包括系统的可持续发展、协同共生，呈现一种上升的状态，以耦合形式形成的系统最紧密，整体功能最强大。因此，对于乡村振兴与乡村旅游的耦合发展研究是基于乡村振兴系统和乡村旅游系统的耦合关系研究。

二、耦合理论

耦合是一个源于物理学的概念，是指两个或以上的系统之间通过相互作用、彼此影响，进而联合起来，或者通过各种内在机制互为作用，形成一体化的现象。而系统强调整体效能大于部分，系统整体功效的发挥不仅需要要素之间的相互影响程度，更强调系统要素之间的良性互动。系统耦合理论现已被广泛应用于环境、地理、生态等众多领域，使用最广泛的模型是耦合度模型和耦合协调度模型。

耦合度是对系统之间或内部要素之间相互影响程度的度量，协调度是系统与要素发展过程中协调一致、良性循环的度量标准。耦合与协调是相互独立的两个部分，耦合度提高的过程是系统从无序向有序发展的过程，但高耦合度并不一定意味着系统是协调的，只有当系统要素耦合时的作用是积极正向时才是协调的。系统耦合协调则要求系统间存在差异的同时，不断调整系统，使系统要素达到动态的平衡状态。

乡村旅游和乡村振兴作为乡村地域系统的两个子系统，既相互联系又相互制约。民族村落发展乡村旅游是实现乡村振兴的重要途径，乡村振兴也从产业、生态、文化等方面对乡村旅游发展提出具体要求，助推旅游产业优化升级，因此可以形成一个完整的耦合系统，运用耦合理论分析二者之间的交互作用是合理且可行的。因此，在系统耦合理论的支撑下，本书致力于研究民族村落乡村旅游与乡村振兴之间耦合协调的提升，使得乡村旅游与乡村振兴发展朝着复杂、高级、有序的方向转变。

三、“两山”理论

“绿水青山就是金山银山”的“两山”重要思想包含着十分丰富深刻的内涵，“两山”理念对“金山银山”与“绿水青山”辩证关系的分析及其得出的不同阶段过程发展论观点，全面揭示了人与自然、经济发展与生态建设的辩证关系，科学阐释了我国生态文明建设规律和经济社会发展规律的本质内容，是新时代全面推进生态文明建设和美丽中国建设的核心思想，标志着我国生态文明思想体系的诞生。“两山”理念的丰富内涵包括以下有机联系的四个层面。

1. 阶段过程发展论

“两山”理念首先科学解释了“绿水青山就是金山银山”是我国

生态文明建设的一个重大实践问题，在这一进程中要实现经济发展和生态建设的和谐。这也是对“绿水青山”与“金山银山”辩证统一关系的认识和实践过程，它由有机相连的三个阶段构成。

第一阶段：既要“绿水青山”，也要“金山银山”，重心在发展。发展是社会主义初级阶段的核心任务、立足点和实现社会主义现代化的前提，用部分“绿水青山”去换“金山银山”，即最初由部分具有区位优势、自然资源优势和产业优势的先发地区开始粗放式发展，在获得一定经济发展成果的同时，也在一定程度上造成了生态环境的恶化。

第二阶段：宁要“绿水青山”，不换“金山银山”，重心在保护。随着生态环境质量不断恶化，人们逐渐意识到，“金山银山”固然重要，但“绿水青山”是人民幸福生活的重要内容，一旦经济发展与生态保护发生矛盾冲突时，要坚持把生态保护放在首位。即先发地区一方面从粗放式经济发展中获得“金山银山”，一时还舍不得放弃，但另一方面随着生态环境质量逐渐恶化，经济发展与生态环境保护之间的矛盾逐渐凸显，也开始切身体会到保护生态环境的重要性，产生了“更要绿水青山”的强烈愿望。而对于经济上欠发达但有“绿水青山”的重要生态功能区来说，必须避免走粗放式发展模式，其理性选择是“宁要绿水青山”。

第三阶段：既保护好了“绿水青山”，同时“绿水青山”也带来了“金山银山”，重心在统筹。生态保护与经济发展二者不可分割，构成有机的统一整体，既要守护好“绿水青山”，同时也要使“绿水青山”源源不断地带来“金山银山”，共同推动社会福祉水平提高。在进一步的发展中，发达地区转变发展方式，实现产业升级，发展绿色经济，既呈现出“绿水青山”的美丽环境，又从绿色发展中带来“金山银山”，实现“两山”的双丰收。而对欠发达山区来讲，不仅要使“绿水青山”不受破坏，而且要通过绿色产业的递次发展不断带来“金山银山”，最终取得“两山”共赢。

综上可见，“两山”理念在三个阶段动态展开的过程，本质上就是实现经济发展与生态建设全面协调发展的过程。

2. 城乡区域协调发展论

如何实现“既要金山银山，又要绿水青山”的美丽发展？“两山”理念包含着辩证的协调一体发展的思想，即实现城乡区域统筹发展。城乡区域协调发展是“两山”理念在实践中走向辩证统一的基本途径，是发达地区实现绿色发展的重要基础，特别是欠发达山区初期保持“宁要绿水青山，不要金山银山”生态定力的重要前提和后期实现“绿水青山就是金山银山”的基本条件。主要体现在已经具有“金山银山”的发达地区与仅具有“绿水青山”的欠发达地区实现统筹发展，通过发达地区在资金、技术、项目等一系列的帮扶措施，实现绿色发展，不仅保住广大欠发达地区的“绿水青山”，而且不断变现为“金山银山”。首先，要站在统筹区域发展的高度，解决欠发达地区发展道路的选择问题，不能简单地推动欠发达地区去复制或重复发达地区走过的传统工业化道路。其次，发达地区要通过优化产业结构和促进经济增长方式转变，通过资金、技术等支持，推动欠发达地区实现绿色发展，从而实现发达地区和欠发达地区“绿水青山”与“金山银山”的共赢发展。可见，对于具有自然禀赋优势的欠发达地区，通过区域协调发展，超越用“绿水青山”换取“金山银山”的阶段，实现“两山”的共赢，这是“两山”重要思想的核心内容，也是“两山”

重要思想最具有普及性价值的内蕴所在。可见，“两山”理念具有普遍的实践价值，其基本原理就是城乡区域协调发展的原则，这是一条践行“两山”理念的普遍规律。

3. 绿色经济发展论

如何促使“绿水青山”与“金山银山”现实统一，真正使“绿水青山”能够源源不断地带来“金山银山”？如何使欠发达地区的“绿水青山”带来“金山银山”，从而从总体上体现出“绿水青山就是金山银山”？其基本思路就是更加自觉地推动绿色发展、循环发展、低碳发展。在发达地区，主要实现循环经济与生态经济的统一发展模式，大力发展以“减量化、再利用、资源化”为原则的循环经济，有效减少消耗、降低污染、治理生态环境，恢复“绿水青山”，又不失“金山银山”，大力发展现代新型产业和绿色休闲旅游产业。而对于具有“绿水青山”的欠发达地区，则要大力发展主要由生态农业、生态工业和生态旅游业构成的生态经济，变生态资源优势为经济优势，最终“绿水青山”就会源源不断地生长出“金山银山”，从而有效实现生态建设与经济发展的辩证统一。而实现“绿水青山就是金山银山”的一条根本的普遍的规律和道路就是充分发挥生态优势，促使生态环境优势转化为生态经济优势。特别是对具有明显生态优势的区域，一定要充分显示其生态优势的经济功能，切实将生态优势、资源优势转化为发展优势和经济优势，切实运用各种手段和方法走出一条生态产业化、生态经济化的路子。

4. 选择机会发展论

如何有效成功实现“绿水青山”与“金山银山”的和谐发展？最重要的一点是必须善于抓住机会、抓住时机，要坚持抓住环境机会成本与把握环境质量转变的统一，这是“两山”建设在时机节点上的辩证法，深刻揭示了推进“两山”理念指导生态建设与经济建设的具体实现机制和路径。如何理解“宁要绿水青山，不要金山银山”的选择？绿水青山要“守住”到何时才能变成“金山银山”？这就需要科学理性地看准方向、选择时机，对于那些具有独特生态优势但因区位地理因素在经济发展上暂时为欠发达的重要或重点生态功能区，特别是国家级重点生态功能区，千万不要急于重复粗放式的工业化路子发展经济，以“绿水青山”换取“金山银山”，而要善于争取以最小的社会、经济成本保护资源和环境，要善于把握和利用发展生态经济的时机和形势。

综上所述，“两山”理念本质上是一种绿色发展理念，为真正从根本上做到经济建设和生态建设同步推进指明了方向，是阶段过程发展论、区域协调发展论、绿色经济发展论和选择机会发展论的有机统一，是促进人与自然、生态与经济共同发展的科学理论，最终指导我们实现既有优美的自然生态环境，又有发达的经济社会状态的和谐统一。

目前“两山”理念已经在全国范围内实践开来。“两山”理论要求在社会经济发展的同时，不能对生态环境造成破坏，应解放自然，将良好的自然环境作为发展的基石，这就要求经济社会发展与环境保护齐头并进。所以在乡村旅游发展过程中，要注重对乡村生态环境的保护，将乡村良好的自然资源作为经济发展的动力，勾勒出一幅人与自然、经济发展与自然和谐共处的美好画卷。

四、旅游可持续发展理论

可持续发展理论被广泛地运用到各行各业，对旅游业也同样适用，我们把可持续发展理论在旅游学中的运用称之为旅游可持续发展理论。对于旅游可持续发展理论，不同的组织对其有着不一样的定义。本书借鉴联合国和世界旅游组织的说法，将其归纳为不会对未来任何产业和地区产生不良影响，并且能协调好各方面利益相关者的利益同时产生相应经济效应的旅游活动。

旅游业作为我国的战略性支柱产业为我国的经济发展做出了重大贡献，旅游业不光有很重要的经济作用，还有很重大的社会效应，旅游可持续发展的提出顺应了新时代发展的要求。旅游可持续发展是指不破坏旅游的现有和潜在的自然资源与环境，实现经济、社会、环境的统一发展方式。旅游业才开始发展的时候，当时的开发者和规划者认为旅游属于低投入、低风险、高收益的劳动密集型产业，在这一思想误区的影响下，他们没有把资源与环境消耗考虑进去，使得很多旅游景区在后来出现了很多问题。从此，人们意识到可持续发展不光指在别的行业，旅游业也要进行可持续发展。旅游的可持续发展要求在进行景区规划的时候就要对景区未来的发展定标准，也强调了旅游业与其他行业的融合发展，共同促进当地环境保护。

五、产业融合理论

产业融合，是基于技术创新或制度创新形成的产业边界模糊化和产业发展一体化现象。产业融合已经成为产业发展的新趋势，通过激发产业链、价值链的分解和重构功能，引发产业功能的重大变化。产业融合起源于产业分工，产业分工理论是产业融合理论的重要组成部分，其最早可见马克思和马歇尔的相关论述。马克思（1867）提出，一方面工厂手工业在生产过程中引进了分工，另一方面它又把过去分开的手工业结合在一起，分工在特定环境下将归于集中，就是产业融合理论的最早发源。马歇尔（1890）描述了分工的精细不断增大时，各种行业之间的分界线对许多种类的作用，认为这些分界线虽然非常微细，但就行业中的细小变动而言，这些分界线与较强的分界线同样有效。不过，马克思和马歇尔的研究并没有形成体系。亚当？斯密（1776）在《国富论》中阐述分工理论，诠释了分工与经济增长之间的相关关系和作用，解释了分工促进增长的内在原因，提高劳动者的熟练程度、节约劳动者在不同工作之间的转换时间、利于简化和节约劳动的机械发明是提高生产率的三条途径。杨格（1928）提出关于分工理论的三个命题，即：报酬递增的实现依赖于劳动分工的演进；不但市场的大小决定分工程度，而且市场大小也受到分工程度的制约；需求和供给是分工的两个侧面。杨格认为，分工是一个累积的自我扩张循环过程，其本身就是一个良性的反馈循环，将带来报酬递增效应，最终成为经济持续发展的源泉和动力。“杨格定理”在某种程度上解释了产业融合的根本动因即产业分工，原因在于：一是劳动分工取决于市场规模；二是市场规模取决于劳动分工。美国经济学家赫希曼（1958）提出了不平衡增长模型，认为发展中国家应该把有限的资源投入某些行业，从而最大限度地发挥自身优势，促进经济增长的效果。经济学家杨小凯（2003）指出产业融合的根本原因，来自产业分工所形成的产业细分，正是由于纵向的产业细分所形成新的产业扩张，导致其与其他产业平台的某一环节融合，形成融合产业，并进一步促进新的产业分工。

产业融合理论的主要内容指的是，不同的产业或者同一产业内部的不同行业，通过产业间的某一个交集点，使复数的不同产业或不同行业互相融合，使各产业或各行业紧密联系，互相渗透，最终逐渐组成一个新产业的动态演变过程。产业融合具有很重要的意义，两个甚至多个产业之间恰当的融合可以达到产业之间互利共赢的目的，有利于对产业结构的调整和优化，进一步延长产业链和产业的生命周期，实现产业的可持续发展，从而拉动经济的发展，更是新产业诞生和发展的重要推动力。现如今产业融合已经成为未来产业实现可持续发展的必然趋势。

可见，产业融合理论的前提就是分工，通过分工促进和提高劳动效率。乡村振兴与乡村旅游耦合发展是一个系统工程，不断延伸农业产业链的功能，使之趋向二、三产业。自从 2015 年“中央一号文件”提出推进农村一、二、三产业融合发展，2016—2019 年，国务院办公厅和各相关部门陆续颁布政策，推动产业融合工作，使得各部门协同工作。基于此，将产业融合理论运用于本书的研究当中，以农业为代表的第一产业为基础、以旅游业为代表的第三产业为核心，对农业与旅游业的耦合协调发展进行分析与研究，能更好地将第一产业与第三产业的发展进一步融合在一起，这对于促进传统产业创新、推进产业结构优化、推动城乡一体化建设、拉动经济的发展和实现乡村振兴战略具有深远的意义。

六、旅游利益相关者理论

利益相关者理论是企业战略制定时需要遵循的原则，也是企业战略制定的工具。1963 年。斯坦福研究所受到了“股东”这出戏的启发，引入“利益相关者”（Stakeholder）一词，即和企业有密切联系的人。企业除了为股东服务之外，还需要获得“利益相关者”的支持。

《战略管理利益相关者方法》一书的出版，正式提出利益相关者理论。个人或群体在支持、影响组织决策、政策、目标、行动的同时，组织也会通过决策、政策、目标、行动等方式支持和影响个人及群体。利益相关者与组织环境密切相关，利益相关者是“任何能够影响或受到组织目标实现影响的群体或个人”。通过利益相关者理论可以了解个人或群体与组织影响及被影响的关系，同时分析组织有效性及影响企业目标的实现相关因素（弗里曼，1984）。利益相关者理论将管理关注点主要集中在内部、外部的利益相关者身上，也包括其他与组织有联系的利益相关者（萨维奇等，1991）。而传统管理理论并没有考虑到能够影响组织和受组织影响的广泛群体。

20 世纪 60 年代，“旅游利益相关者”一词开始出现。当前西方大多数学者都采用弗里曼对其的界定，即任何对实现旅游业目标和影响旅游业发展相关的个人或群体。乡村旅游是多个利益相关者联系起来的综合体，不同的利益相关者会呈现不同的需求，以及对不同需求的重视程度也不尽相同，如表 2-1 所示。

表 2-1 乡村旅游发展中核心利益相关者分类及利益诉求

利益相关者类型	核心目标	利益要求
乡村居民	追求美好生活	提高收入水平
		增加就业机会
		参与旅游发展
		追求社会满足
		推崇传统文化
		保护自然生态
当地政府	追求经济效益和社会效益	增加税收收入
		提升地区形象
		促进经济发展
旅游者	追求多样化需求的满足	旅游体验满意高质
		旅游地安全有秩序
		旅游产品绿色健康
		旅游价格透明合理
旅游企业	高额利益回报	树立良好企业形象
		树立品牌增强竞争力
		提升旅游企业知名度
		旅游企业长期生存发展需要

第三章 国内外研究进展

第一节 乡村振兴发展国内外研究概况

一、国外研究概况

对乡村振兴战略形成的实践基础和理论创新的研究，在国外非常稀少甚至可以说是几乎没有，但是对“三农”问题的研究非常多，因为这是每个国家都会遇到的问题，乡村发展的问题关乎整个国家的全面发展，是每个国家的专家学者都非常关注的研究重点。

G.Q.Chen、M.M.Jiang、B.Chen、Z.F.Yang、C.Lin 在《*Emergy analysis of Chinese agriculture*》这篇文章中，通过统计中国 1978 年改革开放之后的 20 年内对乡村建设的经济支出值和收获值与环境状态进行对比，进一步制作动态条形图进行比较发现规律，进而分析中国在这 20 年内的农业发展状况。马若孟在《中国农民经济》(2009 年）中指出，中国农村经济的发展可以依托农业生产效率的提高、农业人才的培养及农村市场化的途径。

马克思、恩格斯对农业、农民和农村问题的研究著作有很多，大家广为熟知的最受关注的是《资本论》，详细分析了“三农”问题的解决方法，为“三农”问题的解决开辟了新的道路。我国近代以来关于乡村发展的政策措施都是建立在马克思主义理论的基础上，结合中国实际面临的主要矛盾进行灵活调整的。

马克思主义理论作为我国乡村发展的指导思想，主要从农民发展的思想、农业合作化理论和社会主义现代化理论进行分析研究。在工业社会的发展中，农民被剥削，农业和农村的发展也被压制，这种局面造成的后果就是城乡之间的差距越来越大，逐渐走向分离和对立。生产力发展得越高，城市和乡村之间的差距越大。城市和乡村的对立，另一个原因就是生产关系，在私有制的条件下城市和乡村的发展会逐渐对立。

马克思和恩格斯关于城乡融合发展的思想是在看到生产力的发展造成城乡对立之后，进一步思考得来的。也就是说，城市和乡村对立的产生是生产力发展不够导致的，但只要生产力发展到能消灭导致城乡差距的私有制的时候，城乡之间就会自动走向融合发展。首先，城市可以带动乡村的发展。城市吸引了很多人聚集而来，工业的发展推动城市发展的过程中，城市的文明程度不断增加，相反乡村分散且单一的生活方式造就了他们比城市越来越落后。农村的人进入城市，可以被一步步带动走向文明。在城市中，所有的工商企业都在这里，农民可以来这里劳作，也可以在这里享受完备的生活条件和生活环境，自然就带动了乡村的发展。多余的这部分劳动力的利用促使了劳动力的非农化，而且，如果这部分多余的劳动力不想去城市工作的话，也会促使乡村工业化的产生。其次，在一个国家中工农结合是使工业发展和农业发展交织在一起最有效的途径，只有这样才能使城乡的对立慢慢减弱直至平衡发展。城市中工业的发展带动了来城市工作的农民收入增加，从而使两者之间的差距进一步减小。

二、国内研究概括

自党的十九大提出实施乡村振兴战略以来，学界瞬时掀起了研究乡村振兴战略的高潮。2017 年之后相继出版了多部学术专著，发表了不胜枚举的高质量期刊论文。经综合整理、分析相关文献，将学界关于乡村振兴战略的研究主要概括为以下几点。

1. 关于实施乡村振兴战略依据及意义的研究

系统阐述实施乡村振兴战略的依据及意义是学界研究乡村振兴战略的首要内容。一方面，是关于实施乡村振兴战略依据的研究。2018 年“中央一号文件”指出实施乡村振兴战略，有党的领导的政治优势、社会主义的制度优势、农民的创造精神、强大的经济实力、悠久的农耕文明、旺盛的市场需求等条件和能力。基于此，学者们纷纷抒发了自己的见解。慕良泽、赵勇通过梳理我国成立以来乡村建设的三次变革、四个发展阶段，阐明了实施乡村振兴战略的历史基础。钟钰阐发了实施乡村振兴战略的时代条件，认为中国正处于“工业化中后期、信息化快速发展期、城镇化中期、农业现代化全面推进期”，已经进入促进乡村发展的阶段。叶兴庆认为实施乡村振兴战略不但是解决中国现阶段社会主要矛盾的现实需要，同时也因为中国已经具备了启动乡村振兴战略的现实条件。郭晓鸣、张克俊等人认为，从理论逻辑看，实施乡村振兴战略高度契合了工业化城镇化与城乡关系演变规律，从现实逻辑看，乡村振兴战略更着眼于乡村发展不平衡不充分和全面实现国家现代化。唐任伍认为乡村振兴是实现中华民族伟大复兴的必然要求，同时，他也认为乡村振兴不仅是厚植中华文明根基、发展现代文明的需要，更是实现我国均衡发展、可持续发展、充分发展的需要与条件。另一方面，是关于实施乡村振兴战略意义的研究。学界主要基于相关政策文件，从承担中华民族伟大复兴、实现国家现代化进程、解决中国社会主要矛盾、促进乡村生产发展等方面阐述了实施乡村振兴战略的重大意义。例如，陈龙认为乡村振兴战略是新时代关于“三农”问题的总战略，具有化解新时代主要矛盾、建设社会主义现代化强国、打破乡村衰落铁律、深化城乡发展规律、破解城乡二元格局的重大战略意义。范建华认为实施乡村振兴战略的本质是回归并超越乡土中国，本身是对近代以来充满爱国情怀仁人志士们理想的再实践、再创造，核心是从根本上解决“三农”问题。总体来看，学界经过研究认为，实施乡村振兴战略已经具备一定历史基础、时代条件、现实准备与政策支撑，对解决“三农”问题与建设社会主义现代化强国，具有重大现实意义。

2. 关于乡村振兴战略内涵的研究

准确把握乡村振兴战略内涵是研究乡村振兴战略的逻辑起点。王一铮认为乡村振兴战略是对新时代“三农”工作的全面部署，是一种以乡村为导向、以农业为重点的资源优化配置。也有学者认为乡村振兴战略是社会主义新农村建设的升级版。例如，李周基对于中央政策的解读，认为乡村振兴战略的内涵具体展现为其20字总要求在繁荣经济、生态发展、传承文化、社会治理、民生福祉等五大方面的现实映射。而叶敬忠则通过对不同时期的乡村建设实践进行历史梳理与比较分析，认为乡村振兴战略作为新时代下对社会主义新农村建设在理论与实践层面的延伸与内化，本质是解决“乡村如何更好发展”的问题。另外，蒋永穆基于不同时期中国社会主要矛盾变化发展的角度，从实施乡村振兴战略的基本方向、发展目标和总体要求三个维度全面阐释了乡村振兴战略的内涵。廖彩荣、陈美球认为乡村振兴战略是推动中国由农业大国走向农业强国，以实现农业农村现代化为主要目标的系统性战略举措。陈龙通过考察中国与西方国家乡村振兴的五点不同，深刻揭示了中国乡村振兴战略的独特内涵，他认为，中国的乡村振兴战略是建立在生态文明的理念、“四化”同步发展、社会主义公有制基础、庞大的乡村人口基数、独特的城乡二元体制之上的乡村发展举措。总体来讲，学界站在时代前沿、立足乡村发展实际，运用理论分析法与历史比较分析法深刻揭示了乡村振兴战略的内涵，普遍认为乡村振兴战略是与社会主义新农村建设一脉相承的新时代乡村发展战略举措。

3. 关于实施乡村振兴战略现实梗阻的研究

实现乡村振兴需要突破阻碍、真抓实干。明晰实施乡村振兴战略的现实梗阻，是学界研究乡村振兴战略的重要一隅。从宏观整体视角来看，慕良泽、赵勇立足中国乡村发展现实，认为历史上形成的乡村内部发展不平衡、城乡间发展不平衡问题以及城乡二元发展的体制机制是今后实施乡村振兴战略的两大阻碍。魏后凯、郜亮等人认为。实施乡村振兴战略在乡村基础设施、乡村公共服务、乡村科技与人才、乡村环境治理等方面存在短板。曲延春、王海镔认为实施乡村振兴战略存在农业供给质量较低、农民持续增收困难、乡村公共产品供给不足、乡村治理能力不强等问题。从经济视角来看，韩楠指出乡村金融发展对乡村振兴具有促进作用，然而，现有乡村金融发展却面临法律政策环境不完善、乡村金融体系建设不健全、乡村金融人才匮乏与金融产品创新不足、乡村信用体系建设不完善等问题，无法为实施乡村振兴战略提供有力支撑。崔日明、韩渊源认为发展壮大乡村集体经济对实施乡村振兴战略具有重大意义，而发展壮大乡村集体经济在乡村土地确权工作、乡村集体经济利益分配及管理机制、乡村集体经济产业发展规划等方面存在一定问题，这直接制约了乡村振兴战略的顺利实施。从制度视角来看，朱启臻认为城乡人才流动制度、基本公共服务制度、乡村金融制度、耕地及宅基地制度等因素影响着乡村振兴进程。从主体视角来看，周晓光认为乡村振兴存在人才总量不足、人才素质不高、人才结构不优的人才瓶颈问题。孔韬指出目前新型职业农民培育存在目标不明确、资源较为分散、保障措施不够健全、内容不科学等现实困境，进一步制约了乡村振兴战略的人才培养。从具体执行视角来看，孔祥智认为实施乡村振兴战略过程中存在某些地方政府过度开展村容村貌整治工作、资本下乡引发土地非法使用行为、农业发展过度旅游化等实际问题。

总体而言，学界不仅从总体上把握了实施乡村振兴战略的现实梗阻，更细致入微地考察了经济、制度、实施主体、实际执行情况等因素对实施乡村振兴战略的制约性。

4. 关于实施乡村振兴战略策略与路径的研究

“如何实施”是研究乡村振兴战略的目的与归宿。学界针对现实梗阻，相应提出了实施乡村振兴战略的策略与路径。一方面，从策略层面来讲，刘合光认为，实施乡村振兴战略要避免“大跃进”，需循序渐进。避免无参与，要激活村民；避免太单一，要因地制宜；避免增负担，乡村振兴要精进解压。郭晓鸣、张克俊等人认为，实施乡村振兴战略需要把握好城市与乡村的关系、政府与市场的关系、发展与保护的关系、当前与长远的关系、试点与推广的关系。贺雪峰在分析了乡村和农民分化情况的基础上，指出乡村振兴的主要发力点应该落在中西部的一般农业型乡村地区，与此同时要为缺少进城机会与能力的农民在乡村的生产生活提供保障。基于此，贺雪峰认为乡村振兴要向贫弱群体和地区倾斜，重点关注农民基本的生活生产保障问题。王东、王木森从共享理念出发，提出乡村振兴战略实施的共建行动与共治策略。另一方面，从实施路径来讲，部分学者重视发挥参与主体的能动作用，如刘合光更注重发挥乡村振兴包括总设计师、人民公仆、村干部、村民、各类智囊团以及其他参与者在内的各类主体的积极性，以助推乡村振兴战略实施。也有学者基于乡村经济社会发展的现实诉求，提出相应对策。如曲延春、王海镔认为要通过推进农业供给侧结构性改革，进一步挖掘农民增收潜能，增加乡村公共产品供给，完善乡村治理体系，走出乡村振兴战略实施的困局。朱启臻分析了农家院落的生产、生活、生态价值，认为要以重视农家院落的价值为观念导向，深化乡村宅基地改革，从而打破乡村振兴的部分障碍因素。谭明方认为要通过促进城乡全面融合发展促进乡村振兴战略得以顺利实施。刘儒、刘江等人认为推进乡村振兴战略实施的路径主要是坚持党的领导，深化乡村改革，坚持以人民为中心的发展思想，健全“三治融合”乡村治理体系，增强乡村人力资本投入。岳国芳认为实施乡村振兴战略要与脱贫攻坚有效衔接，脱贫攻坚能为乡村振兴战略实施提供产业扶贫、人才扶贫、生态扶贫、文化脱贫、组织建设等经验。

总的来说，学界采用理论研究与实证研究的方法，从学理层面对如何实施乡村振兴战略进行了应然性分析。学界认为乡村振兴战略需要在一定的宏观策略指导下实施，同时，也要在坚持党的领导、构筑人才支撑、强化制度保障、完善乡村治理体系、有效衔接脱贫攻坚等方面具体推进乡村振兴战略实施。

5. 关于乡村振兴经验借鉴的研究

经验借鉴是研究乡村振兴战略的重要部分，能够有效拓宽关于乡村振兴战略研究的视野。关于国内乡村建设经验借鉴，徐珍珍、邵建东在回顾晏阳初平民教育和乡村建设的实践经历、概括其实践特征的基础上，阐发了晏阳初平民教育和乡村建设给予实施乡村振兴战略的三大启示：重视与发展乡村职业教育、组建专业人才队伍、坚持内生式发展。关于国外乡村振兴经验借鉴，刘云刚、陈林等人研究了日本乡村振兴战略转型中实施的人才支援乡村制度，认为日本的乡村振兴人才支撑经验对中国理解把握乡村振兴的本质与模式、乡村振兴如何引导人才回流以及乡村治理模式选择等方面具有重要借鉴价值。颜文华主要研究了英、法、德、美、西班牙、阿根廷等地在休闲农业与乡村旅游方面助推乡村振兴的经验成果，认为中国乡村振兴在这些国家和地区的成功经验的启迪下，在休闲农业与乡村旅游方面要重视政策法规的引领作用、行业协会的桥梁作用，并挖掘旅游工匠精神的经济价值，注重乡村综合服务平台建设。龙晓柏、龚建文详细研究了英美两国乡村演变历程及其乡村振兴的政策特征，并指出中国实施乡村振兴战略要借鉴两国在法律制定、产业规模化与增值化发展、财政性政策使用、公共基础设施布局与建设等方面的成功经验。总体而言，乡村振兴实践具有包容性与开放性，需要合理借鉴一切有利于乡村振兴战略实施的有益成果。学界主要研究了民国初期乡村建设运动的实践经验与发达国家和地区的乡村建设经验，以求为中国实施乡村振兴战略提供经验借鉴。

第二节　乡村旅游发展国内外研究概况

一、国外研究概况

乡村旅游始于19世纪中后期的西方发达国家，如英国和法国，最初只是贵族间的一种娱乐活动，此后随着铁路等交通设施的发展和完善，乡村旅游得以逐渐流行，且慢慢平民化。20世纪60年代开始，美国、日本、波兰等国相继推出乡村旅游产品。1865年，意大利“农业与旅游全国协会”的成立在乡村旅游的发展史上具有非常重要的意义。至20世纪80年代，欧美发达国家的乡村旅游已呈现出相当的规模，且已走上规范发展的轨道。Nisson（2002）提出，“二战”以后，各国开始了解乡村旅游对社区、经济、社会、文化等各方面的影响，甚至对整个社会的影响。后来开展的“拯救欧洲乡村的乡村旅游运动”更进一步说明乡村旅游已经逐步在欧洲发展起来。Benjamin（1994）曾在文章中提到，20世纪90年代以前，一些发达国家将乡村旅游作为改变乡村经济结构的重要途径。另外，我国学者张建雄也曾在文章中论述，20世纪60年代初，西班牙率先开始了真正的乡村旅游，而大规模的乡村旅游却是在20世纪80年代以后才出现的。

总之，乡村旅游不仅被认为是乡村地区的新兴产业，更是在乡村的社会、经济和环境中起着维系作用，进而得到了各国政府的重视。时至今日，乡村旅游在罗马尼亚、日本等国已逐渐成为最有影响的旅游项目之一。在日本，各级政府制定相关政策，引进乡村旅游替代其他弱势产业，促进乡村经济发展，保持乡村文化传承。在新西兰、法国等国家，政府更是把乡村旅游作为稳定农村发展、避免农村人口过度下降的有效手段。

1. 乡村旅游的概念

国内外学者对乡村旅游的定义和认识不尽相同。Gilbert（1990）认为，乡村旅游是由农户向旅游者提供食宿，以便其在农场、牧场等典型乡村环境中进行各类休闲活动的旅游形式。英国的 Lane（1994）认为，乡村旅游是一种复杂的、多角度的旅游形式，而不仅仅是在乡村地区进行的旅游活动，他认为只要旅游地点在乡村，和乡村的自然资源、民俗文化、生态环境产生关联的，都可以称之为乡村旅游。Bill 等（1994）则认为乡村旅游是一个复杂的、多层面的概念，除基于农业的旅游活动外，还应包括在乡村进行的运动休闲旅游、生态旅游、文化民俗旅游等，如骑马、登山、探险、打猎等活动。世界经济合作与发展组织和欧盟（1994）定义乡村旅游是发生在乡村的各种旅游活动，农村特色、乡土风俗、田园风光是乡村旅游产品的核心和独一无二的卖点，而其中的“乡村性”则是乡村旅游独特的卖点和整体推销的核心。

2. 乡村旅游发展的动力

关于乡村旅游动力研究，国外学者主要分析了经济社会、居民和政府行为等因素对乡村旅游产生的影响。多数学者的研究均表明，最初发达国家发展乡村旅游是为了让衰落的乡村走出困境，通过调整乡村经济结构、克服乡村农场可能产生的经济困境，从而实现乡村农业的多元化经营（Pearce，1990；Oppermann，1995；Fleischer，1997）。Pearce（1990）还发现，新西兰空巢家庭经营乡村旅游是为了享受有人陪伴的生活。此外，Thompson（2004）对日本某乡村的研究显示：当地居民从事乡村旅游的动机在于保护地方传统特色和提高居民对本地的认同感。Gets 等（2000）在澳大利亚西部乡村的调查表明，影响中年夫妇经营乡村旅游的主要因素有留恋乡村生活方式等。

3. 乡村旅游者及市场细分

乡村旅游者的旅游动机不仅决定了旅游者对目的地的选择，而且还决定了他们何时、何地、从事何种类型的乡村旅游活动。因此，旅游动机研究成为国外乡村旅游者研究中最核心、最关键的问题。

乡村旅游者的旅游动机纷繁复杂，但主要涉及四类：心理动机、社会文化动机、经济动机和环境动机。现代性造成了巨大而深邃的精神黑洞，因而视乡村为现代性的避难所，亲近乡土、亲近自然、摆脱生活压力、寻找失落的精神家园，成为乡村旅游者的主要心理动机。如 Pearce（1990）的调查发现，旅游者到乡村旅游是因为在此可享受后台体验，农场、农家和乡村生活都是世俗现实，主客之间可彼此接触、互相交流，真实而坦然。其他几位学者的研究也都表明，摆脱都市的疏离感、寻找满足感和踏实感、求证自身生活方式和地位是乡村旅游者主要的动机之一（Kneafsey，2001；Mackay，1997；Walmsley，2003）。

社会文化方面的动机包括接触当地人、了解当地生活（Frater，1983；Pearce，1990）、增长知识、享受主人的热情接待（Frater，1983；Pearce，1990；Murphy Williams，1999）及体验乡村文化和乡村生活方式（Swarbrooke，1996）。少数旅游者选择乡村旅游是出于经济方面的考虑：乡村旅游的价格远远低于都市旅游（Oppermann，1996）。也有某些旅游者是出于环境方面的考虑：欣赏自然风光和美景、享受乡村宁静祥和自由自在的环境（Pearce，1990；Sharpley，1997；Murphy 等，1999）。

4. 乡村旅游者的特点

乡村旅游者与其他类型的旅游者在人口学特征、态度和行为特征上有许多不同（Murphy，1999）。他们大多是具有相当经济实力的中老年人或带孩子的家庭（Frater，1983；Cavaco，1995；Sharpley，1996；Oppermann，1996）。澳大利亚的农场度假者 2/3 是退休老人（Frater，1983）。虽然乡村旅游者的消费水平因地而异，差距较大，但总体而言花费较低。乡村旅游者的支出普遍比海滨旅游者和都市旅游者低 20% ~30%（Oppermann，1996；Walmsley，2003）。乡村旅游者对旅游活动的选择较为随意和随机，但英国、法国等的有关调查都表明，乡村旅游者最常参与的旅游活动是探亲访友、游览名胜、乡村漫步（Davidson，1995；Ryan 等，2000）。

5. 乡村旅游者市场细分

根据不同的标准，乡村旅游者可划分为不同的细分市场。因利益诉求的不同乡村旅游者可细分为四类：活跃型、消遣型、观览型和乡村型。其中，走马观花，浮光掠影观赏乡村景观和了解乡村文化表象的观览者占多数（Frochot，2005）。虽然每个细分市场参与的旅游活动、行为特征和社会经济状况都会有所差异，但因现代消费文化使人们青睐快餐式消费、追求快速体验，不愿追究消费对象背后的深刻寓意，所以，多数乡村旅游细分市场对乡村生活方式和乡村文化也并没有多大兴趣（Oppermann，1996；Gladstone，1998；Frochot，2005）。Cai（2001）注意到会议与会务旅游市场是乡村旅游的一个重要细分市场，并对这个细分市场的人口学特征、旅游行为、信息来源和对乡村的理解进行了调查。

6. 当地居民对乡村旅游的理解和态度

居民对旅游影响的态度和感知有可能成为成功开发、经营、营销现有或未来旅游项目的一个重要因素（Ap，1992），公众支持会给乡村旅游企业带来极大的回报（Fleischer 等，2000）。旅游地居民对乡村旅游的态度与理解已成为近年来国外乡村旅游研究的主要内容之一。总体看来，这方面的研究主要集中在居民对乡村旅游的理解与态度、影响居民感知与态度的因素以及相应的理论解释三方面。居民对乡村旅游影响的感知和态度既有反对也有支持，程度各异。Weaver（2001）对澳大利亚沿海乡村地区居民对旅游的态度进行了聚类分析，结果表明：1/4 的居民因与旅游者接触较多，支持乡村旅游的发展；1/2 的居民对乡村旅游持中立态度，他们认为旅游业既带来了经济收益也产生了负面影响；1/4 的居民认为乡村旅游除了能为当地提供一些就业机会外再无裨益，因此反对发展乡村旅游。Campbell（1999）关于哥斯达黎加奥斯辛诺发展乡村旅游的研究则证明，多数当地居民对乡村旅游持支持态度。

7. 乡村旅游发展及营销策略

Hegarty 等（2005）指出乡村旅游发展策略在于可持续发展性，政府干预等方式能够增强对当地旅游环境的保护和实现可持续发展。Gemma 等（2004）则进一步从政府的角度进行研究，认为政府制定乡村旅游规划时，先要进行投资分析，即分析收益与成本，同时建立机构对乡村旅游主体进行培训和进行投资。Mair（2006）指出一个较完善的乡村旅游发展管理策略应包括以下几个方面：优良的乡村环境、纯朴的乡村文化、完善的基础设施、适度的冒险经历等。此外，还有一些学者提出了乡村旅游市场营销策略，如 Gartner（2003）认为乡村旅游营销既要从全局出发，也要注重差异性，满足消费者对不同旅游市场的需求。Roberts（2004）认为乡村旅游营销要挖掘特色、改造传统产品并开展适合当地特色的服务营销。Murphy（2012）提出应建立专门的管理组织来评估乡村旅游市场，重视各经营主体的信誉以及提高乡村旅游从业人员的风险意识，来促进乡村旅游市场营销发展。

8. 乡村旅游的影响

自从 20 世纪 50 年代，乡村旅游发展在西方国家进入大众旅游时代，乡村旅游者和乡村旅游企业的行为开始成为足以影响乡村经济、社会、环境等方面种种变革的重要因素。于是乡村旅游影响也成为国外乡村旅游研究的重要问题。总体看来，国外乡村旅游影响研究主要集中在经济、社会文化等方面。

（1）乡村旅游的经济影响。

乡村旅游在欧洲的发展从一开始就与拯救乡村危机、振兴乡村经济有千丝万缕的联系，因此，乡村旅游的经济影响在国外研究中一直是备受政府机构和研究者关注的问题。总的看来，政府机构主要强调乡村旅游在促进乡村经济多元化、扩大就业率、推动地方经济、拯救乡村中起到的积极作用（WTO，1993；WTO，1997；USTTA，1995；DOT，1995）。多数学者认同乡村旅游对乡村经济和就业有一定的促进作用（Dernoi，1983；Butler 和 Clark，1992；Greffe，1994；Luloff 等，1994；Oppermann，1996；Sharpley 等，1997），但同时强调乡村旅游只是增加乡村经济收入的有益补充，而不是治疗乡村经济疾患的灵丹妙药。Ribeiro（2002）在葡萄牙两个乡村地区的实证研究和Oppermann（1996）在德国南部乡村的调查都证明，由于乡村旅游的季节性影响，乡村旅游企业的规模小、就业层次低、收入水平差，乡村旅游收入对缓和经营者的经济窘迫只不过是杯水车薪，企图通过旅游复兴乡村经济的政治和社会期望只能是梦想。Maude等（1985）对英国坎布里亚郡的文献研究和实地调查显示，不仅农场旅游收入在乡村经济生活中的作用微不足道，而且这些收入的获得还要以失去生活的独立性和个人生活隐私为代价。有学者甚至认为乡村旅游进一步加剧了城乡差距（Unwin，1996）。Fleischer（2000）和Williams（1995）也得出过类似的结论。

（2）乡村旅游的文化及社会影响。

大多数学者从乡村旅游对乡村文化、社会结构等方面影响的视角，研究乡村旅游所产生的社会影响，大多认可乡村旅游带来了社会影响，但在影响的利好性上存在着分歧。Oppermann（1996）认为乡村旅游有利于加强乡村与外界的文化交流，Sharpley等（1997）进一步指出这一影响有前提条件，当旅游者人数过多时会破坏乡村的生活方式，这时文化交流的积极意义也随之消失。Luloff等（1994）通过对美国的调查发现乡村旅游有利于促进当地社区团结和社会结构优化，然而，Gemma等（2004）的研究却表明乡村旅游加剧了当地社区的分化和隔阂。

（3）乡村旅游的生态影响。

一些学者认为乡村旅游会对生态环境产生积极影响，如Thompson（2004）认为乡村旅游工作者比较注重维护乡村自然景观，这有利于改善乡村环境；而有些学者则认为乡村旅游不利于乡村环境的保护，如 Maude 等（1985）认为过量的游客会导致乡村景观被破坏和环境恶化。

二、国内研究概况

与国外乡村旅游研究对比，我国学者从 20 世纪 80 年代末才开始研究乡村旅游，起步较晚。吕军和张立明（2005）将我国乡村旅游的研究分为三个阶段。第一阶段是 20 世纪 90 年代初至 1998 年，这一阶段是我国乡村旅游研究的起步阶段，这一阶段的特征是研究成果较少，主要以介绍国外的乡村旅游发展为主。第二阶段是 1999—2001 年，随着我国乡村旅游的蓬勃发展，这一阶段的研究成果逐渐增多，研究领域有所扩展，但案例研究并不多。第三阶段为 2002—2003 年，主要表现为研究领域得到极大的拓展，几乎涵盖了乡村旅游的所有方面，案例研究也受到越来越多的重视。

国内对乡村旅游的研究主要有以下几方面。

1. 乡村旅游的概念研究

首先，乡村旅游是在农村地域中合理利用现有资源，为游客提供自然意趣和现代新型农村感受的旅游产品；其次，与国外乡村旅游比较，国内乡村旅游是以农业文化景观、农村生态环境、农事生产活动以及传统习俗为资源，融观赏、考察、参与、娱乐于一体的旅游活动；最后，乡村旅游可以理解为以乡村地域上可吸引旅游者的资源为凭借，满足旅游者各种需求，引起旅游消费行为的现象和关系的总和。此外，何景明（2003、2004）通过比较国内外学者对于乡村旅游概念的理解，认为乡村性是界定乡村旅游概念的重要标志，广义的乡村旅游概念应该包括农业旅游、农村旅游等。由于乡村旅游概念的综合性和复杂性，国内学界有关其概念的界定较多，多数学者在阐述乡村旅游概念过程中包含了两方面的内容，即旅游活动发生在乡村地区、以乡村性作为旅游吸引物。

2. 发展机制研究

随着国内旅游业的不断发展，旅游客流逐步庞大，城市也因此承受了巨大压力，住宿交通拥挤、物价上涨等问题开始出现。城市旅游者开始考虑向乡村转移。同时，周末游、自驾游的发展为乡村旅游注入了极大的活力。乡村旅游的蓬勃发展引起了学界从供给需求领域对其发展机制的研究。从宏观动力、中观动力、微观动力三方面探讨，乡村旅游发展的动力机制可以分为国家旅游扶贫政策导向、农村经济新增长点、乡村资源禀赋优势；从城市化角度分析乡村旅游资源的构成，可以将其具体化为乡村实体景观、乡村文化以及乡村自然环境。部分学者以北京市郊乡村旅游地为例，指出其驱动力是由推力因素和拉力因素共同组成并发生作用的，并且从定量研究角度建立乡村旅游开发路径，构建了环城游憩带的乡村旅游开发的影响因子体系、概率计算模型以及门槛值。学界对乡村旅游发展机制的研究有利于从更深的层次挖掘乡村旅游的内涵，深入地探讨乡村旅游的可持续发展的问题。

3. 发展模式研究

在乡村旅游发展模式研究的前期（2004—2007 年），国内乡村旅游研究者多站在政府的视角，从乡村旅游开发的驱动力、依托资源的角度对乡村旅游发展模式进行了总结。其中，郑群明、钟林生

（2004）从乡村旅游开发的驱动力角度，提出参与式乡村旅游，并总结出“公司＋农户”模式、“政府＋公司＋农村旅游协会＋旅行社”模式、股份制模式、“农户＋农户”模式、个体农庄模式，具有较强的代表性和指导意义。而在乡村旅游发展模式研究的后期（2008—2012年），国内学者开始寻求总结出某种理念、理论指导下的乡村旅游发展模式。其中，罗盛峰等（2009）将循环经济的理念引入乡村旅游发展模式的研究之中，试图构建循环经济型乡村旅游发展模式。张树民等（2012）从旅游系统的理论着手，总结出需求拉动型模式、供给推动型模式、中介影响型模式、支持作用型模式、混合驱动型模式。这表明乡村旅游发展模式的研究更加深入、具体，已进入成熟阶段。

在诸多乡村旅游发展模式中，社区主导或社区参与式乡村旅游发展模式受到更加广泛的倡导。邹统钎（2008）认为，乡村旅游开发的最佳模式是政府扶持、社区主导的产业化开发模式（CBD模式）。参与式的乡村旅游能够增加居民收益，提升居民的环保意识，促进农村经济转型及城乡一体化发展（郑群明、钟林生，2004）。社区经营的形式，有利于提高当地家庭的生计资本，增加当地居民的自然保护意识，并产生更大的经济、生态和社会效益（Qian等，2016）。社区为主导的开发方式能够保障居民利益，但规模较小、效益较低；企业为核心主导的开发方式市场化程度高，但容易产生“旅游飞地”现象；政府为核心主导的开发方式，有利于保护本地资源环境，但市场经营能力较弱。Cawley、Gillmor（2008）提出了乡村旅游的综合模型（Integrated Rural Tourism，IRT），即将各类资源，包括文化、社会、经济、环境等不同资源，以及各利益相关者考虑在内，将此看成地方乡村发展的一种战略。通过建立网络和嵌入式的发展，以及内生和互补性的资源利用，可实现乡村旅游的当地赋权和可持续发展。

4. 乡村旅游主体研究

随着体验经济时代的到来，乡村旅游主体的研究也越来越被乡村旅游研究者所重视。国内乡村旅游者分别研究了旅游者个体特征、游客的旅游偏好、游客满意度等方面，研究发现高学历游客在信息获取渠道、住宿选择、花费水平、出游频次与距离等行为特征方面均优于低学历游客；青年旅游者是各年龄段旅游者中最容易受到乡村外部因素影响的人群；乡村旅游在信息渠道、交通方式、花费水平、出游频次、住宿选择上表现出明显的职业分异色彩，在出游方式、停留时间、出游距离上也表现出一定的职业同一性。在旅游偏好研究方面，通过运用离散选择模型中的MNL模型分析旅游偏好，发现乡村旅游需求的主要方向是乡村活动体验型产品。学者们还针对乡村旅游的游客满意度、游客心理感知以及旅游动机进行了研究。对乡村旅游主体的研究中，学者们运用了大量定量分析的方法，准确地测度了乡村旅游者个人特征、旅游偏好对旅游者行为特征的影响。以此为依据对旅游者进行群体划分，从游客的角度细分乡村旅游市场，促进乡村旅游资源的有效开发，以及乡村旅游业的健康发展。

5. 乡村旅游利益相关者研究

约在20世纪80年代中后期，国外研究旅游的学者开始将“利益相关者”这一术语引入旅游研究领域，到20世纪90年代中后期，许多学者开始了这方面的大量研究和思考。Ryan（2002）提出旅游经营者在从事旅游开发经营活动过程中涉及12种利益相关者：员工、游客、居民、压力集团、其他旅游企业、国家和政府、宾馆酒店、股东、旅游代理商、地方政府、促销中心和媒体。在我国，张伟、吴必虎（2002）把利益相关者理论运用到四川省乐山市旅游发展规划中，并对不同利益相关者的旅游意识和利益表达进行了定性与定量分析，讨论并提出了利益相关者理论在中国区域旅游发展规划中的应用途径。宋璟（2005）提出了中国生态旅游利益相关者结构及其各自职责，并结合中国实际情况列举出各利益相关者并分别对其进行角色定义。

6. 乡村旅游与农村发展研究

乡村旅游涉及农村的社会、经济、生态等各个方面，发展乡村旅游已成为解决“三农”问题的有效途径。

（1）乡村旅游与社会主义新农村建设。

通过发展乡村旅游，一方面可以整合乡村的旅游资源，丰富农民的发展选择空间，提升农民的发展能力，丰富乡村精神文化，从而改善农民基本生存状态，改善民生。另一方面，从城乡统筹的角度来看，发展乡村旅游，为城市居民提供休闲服务，可以提高城市居民生活水平，带动城乡经济社会发展，实现共同富裕。而且，发展乡村旅游有利于乡村文化景观资源的动态保护。毫无疑问，发展乡村旅游对发展新农村建设有一定的推动作用，但是反过来，建设的新农村并不是每一个都适合发展乡村旅游。

（2）乡村旅游规划与景观设计。

在乡村旅游规划的实际操作中，可以通过专家咨询法建立某一地区发展乡村旅游的空间布局的指标体系，并运用主成分分析法和聚类分析法将规划区域细分为不同的类型，从而进行乡村旅游区划，并确定各自的发展方向和发展类型。从景观生态学中“斑—廊—基—网络”的视角出发，并将旅游流引入乡村旅游空间格局的研究，可以分析乡村旅游地的空间结构特征和发展演变趋势。学者们还研究了乡村旅游规划的共生与有机更新途径，以及如何在旅游开发中实现农业景观特质性的有效保护和持续利用问题。

（3）乡村旅游用地。

土地是乡村旅游的载体，也一直是乡村旅游研究领域的焦点问题之一。乡村旅游的发展不可避免地会造成农村土地流转。土地流转在正效应方面，促进了乡村劳动力向乡村旅游转移，为乡村旅游发展拓宽了资金来源，提供了用地保障，促进了乡村旅游新模式发展。另一方面，土地流转也为乡村旅游带来了利益分配问题、可持续发展问题、乡村空心化问题等负面效应。乡村旅游在经历过初级阶段发展之后，目前正逐步向休闲度假方面转型升级。目前，国内学者已开始关注乡村旅游转型升级中如何处理农地流转溢价、农户的土地收益权保护、守住耕地红线等农村土地问题。

7. 乡村旅游发展的问题及效应研究

（1）乡村旅游发展中出现的问题。

乡村旅游发展过程中出现了缺乏规划及无序开发（如无序开发、土地流转引起的土地失衡、侵占耕地及生态破坏等）、经营管理矛盾（如多元主体、利益分配不均等）、可持续发展受限等问题（何一飞等，2015）。王云才等（2005）提出经营理念低俗、品牌定位趋同、乡土文化城市化、管理模式混乱和产业组织自发化五大问题。许多学者还关注了乡村旅游发展中的“公共池塘”“公地悲剧”及“搭便车”问题。池静、崔凤军（2006）认为，公共资源利用无度、公共秩序失序和公共福利供给短缺导致旅游核心资源耗损及品牌资产衰减，严重影响乡村旅游目的地可持续发展。胡敏（2009）提出我国乡村旅游发展具有政府主导、行政性强、组织松散、自我发展能力弱、管理不规范、运行机制不健全的特点和问题。土地产权制度缺失、自我发展及创新能力不足、公共供给不足、乡村旅游资源“公共池塘”特征、乡村熟人关系及风险规避属性，使乡村旅游产品差异化和品牌化面临很大困境（陈志永，2011）。

针对乡村旅游发展中遇到的以上问题，研究者们提出了各类应对措施与策略，主要可分为经济模式和产业结构升级、产品与业态升级两个方面的策略。一方面是促进乡村旅游的经营模式和产业结构升级。如保证当地居民的获益机制并使产业链本地化（Sharpley 和 Roberts，2004；邹统钎，2006），以旅游业为龙头优化相关产业，使旅游收益尽可能留在本地，并促进乡村旅游的转型升级。方亮（2014）提出促进乡村旅游经济功能向综合功能转变、产业结构向产业融合方向发展、产业链向本地化和纵深化方向发展、产业运作向多产业融合的“政府–市场”方向转化等乡村旅游转型升级方向。另一方面是促进乡村旅游的产品与业态升级。王云才（2006）提出了七大替代传统乡村旅游产品的新业态和新模式。吴公虎和伍佳（2007）提出乡村旅游的升级方向，即乡村旅游产品应向休闲度假和康体娱乐转化，以第二居所、分时农业、会展节事等产品为主要吸引物，市场营销需瞄准自驾游，强化网络营销和分层分级营销，满足多样化市场需求。Bel 等（2015）通过对法国三个案例地的市场细分后发现，美食旅游等新兴乡村旅游产品可带动更高的旅游消费，使得乡村区域产生的人均消费要高于都市区域。

（2）乡村旅游发展的效应及影响。

乡村旅游的效益和影响研究主要可以分为经济、社会、文化、生态四个方面。乡村旅游能够促进地方就业增长、完善乡村基础设施、促进文化保护及其他产业发展。乡村旅游与乡村发展互动，能够促进乡村经济发展、改善农民生活和乡村环境质量，乡村旅游是促进乡村发展和乡村复兴的战略产业（林巧、戴维奇，2006）

乡村旅游发展加速乡村人口分化，乡村就业由农业向旅游业转化，女性就业、农业的劳动雇佣增加，农民离土不离乡。乡村旅游驱动经济结构多元化，表现为第一产业多元化，第二、第三产业兴起，农业开始外向化、商品化和现代化，居民参与乡村旅游经济的方式和收入多样化。乡村旅游促使生活方式都市化，表现为居民衣着、住房、基础设施、文娱活动等发生改变，推动乡村居民思想观念的现代化（孙九霞、保继刚，2006）。乡村旅游发展取决于一系列公有和私有的资源，若这些资源未得到有效的管理和使用，乡村旅游发展也将给乡村的物理环境、社会结构和当地文化带来很大的威胁。乡村旅游在带来经济效益的同时，社区问题显现（陈志钢、保继刚，2007）；在发挥创造就业、提高居民自豪感、促进人际交往等正面效应的同时，也带来交通拥堵、物价上涨、犯罪增多等负面影响（Mason，2000）。乡村旅游发展既有经济和就业上的正面效应，也有对环境、社会结构、资源等的负面效应，以及对文化和遗产保护的双重效应（Erik、张殿恩，2011）。

第三节 国内外乡村旅游与乡村振兴的关系研究

国外学者对乡村旅游相关研究成果较多，对乡村振兴的研究大多是以乡村发展、乡村建设等形式进行，并且多数是站在西方国家道德标准之上，突出西方农业制度的优越，对乡村旅游和乡村振兴耦合关系的研究几乎没有。

我国对乡村旅游与乡村振兴关系的研究始于2007年，主要探讨的是乡村旅游对农业经济的带动作用。随着十九大的召开，相关研究逐渐增多。在CNKI数据库中的中文核心期刊及CSSCI进行检索，将“乡村旅游”与“乡村振兴”同时设置为关键词，截至2021年9月30日，共检索到相关文献180篇。从发表时间上来看，发文总量整体呈上升趋势，在2021年达到峰值。

国内专家和学者关于乡村旅游与乡村振兴两者之间关系的研究主要体现在两个方面。一方面是重点探索乡村旅游与乡村振兴之间的单向关系。崔剑生等通过深入探讨，指出乡村旅游是实现乡村振兴战略的一个重要切入点；陆林等学者构建了乡村旅游引导乡村振兴的研究框架的同时，归纳了乡村旅游引导实现乡村振兴的发展路径；还有大量学者是以乡村振兴战略为研究背景，探索区域乡村旅游的发展路径；屈学书等学者则是从乡村振兴的视角分析乡村旅游产业发展现存的问题以及升级优化路径。另一方面是关于乡村旅游与乡村振兴之间双向的关系的研究。从现有研究来看，研究尺度较大，省域范围包括河北省、河南省、山西省等，县域范围包括河南鄢陵县、广西资源县等。从研究方法来看，定性研究较多，主要从不同角度分析乡村旅游与乡村振兴的关系。定量研究方法趋同，主要涉及层次分析法、熵值法、灰色关联法、耦合协调模型、耦合演化模型等方法。综上所述，在乡村振兴战略提出之前，国内学者的研究焦点集中于乡村旅游对于乡村建设的作用以及影响上，战略提出之后的研究则以论述二者之间的关系或乡村振兴背景下乡村旅游的发展机制、作用为主。

第四节　国内外研究评述

综上所述，国外的研究成果中并没有提到“乡村振兴”这一概念，与之相对应的是乡村区域的综合发展研究，但与国内研究成果相比较存在一个共通点：乡村旅游活动的开展对乡村经济发展的积极作用是不可忽视的。根据现阶段各位学者的研究现状，对于乡村地区的发展与乡村旅游相结合的研究成果不胜枚举。

整体而言，学术论文关于乡村旅游与乡村振兴互动发展的定性研究较多，但缺乏从理论上系统研究乡村旅游与乡村振兴建设之间的关系；关于乡村旅游与乡村振兴互动发展的定量研究还比较少，尤其是关于二者耦合协调发展的研究偏少，处于起步阶段，现有文献很少利用定量研究方法分析二者存在怎样的关系以及如何寻求协调发展路径，鲜有论文对乡村振兴与乡村旅游耦合协调发展进行预测；在研究区域上，现有的互动发展研究中一般将东部地区的乡村作为案例研究，对中西部地区的研究较少，而乡村旅游和乡村振兴各地因地制宜，东部发达地区与中西部地区的情况有较大差距。

第四章　乡村振兴与乡村旅游发展的耦合机理

第一节　乡村振兴与乡村旅游的耦合发展关系

一、乡村振兴与乡村旅游的耦合关联度及其研究

乡村旅游以具有乡村性的自然和人文客体为旅游吸引物，依托农村区域的优美景观、自然环境、建筑和文化等资源，在传统农村休闲游和农业体验游的基础上，拓展开发会务度假、休闲娱乐等项目的新兴旅游方式。2015 年“中央一号文件”提出，要积极开发农业多种功能，挖掘乡村生态休闲、旅游观光、文化教育价值。2016 年“中央一号文件”强调，大力发展休闲农业和乡村旅游。发展乡村旅游与乡村振兴具有高度的统一性，发展乡村旅游将带动农业产业转型升级，对实现乡村振兴、促进社会主义和谐社会构建具有重要意义，而乡村振兴为乡村旅游的可持续发展提供了坚实的经济基础。乡村旅游与乡村振兴的耦合是以乡村旅游的发展带动人口、资本和物质等要素向乡村

旅游依托地积聚和扩散，从而带动乡村建设不断发展的过程以及与旅游产业发展和活动联系不断加强的现象。乡村振兴与乡村旅游具有很强的关联性：乡村旅游的发展理念与乡村振兴建设目标在一定程度上追求一致，在此前提下，乡村振兴为乡村旅游发展提供优良环境、发展空间、服务人员、管理组织以及其他设施设备，乡村旅游的发展又为美丽乡村建设解决乡村人口就业、乡村经济收入、乡村风貌保存等问题，二者相互依存、相互耦合、交叉渗透、协调发展。通过二者的耦合协调发展，不仅可以推进美丽乡村建设、提升乡村环境质量、促进乡村文化传承与保护、健全乡村社会保障制度、推进农村现代化，还能实现乡村地区产业转型升级、吸收乡村剩余劳动力、促进乡村经济发展、带动农民脱贫致富，进而实现乡村产业兴旺、生态宜居、乡风文明、治理有效、生活富裕，助力乡村振兴。如图 4-1 所示，为各种利益相关者视角下乡村旅游驱动乡村振兴路径。

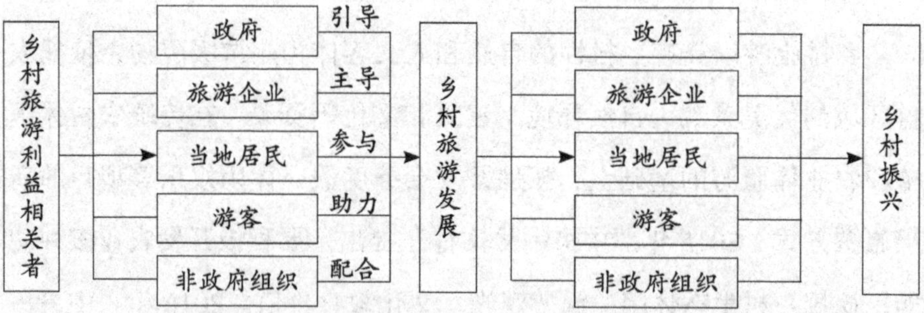

图 4-1　利益相关者视角下乡村旅游驱动乡村振兴路径

众多学者对乡村旅游与乡村建设发展之间的耦合关联度展开了研究。路小静等评估了 2006—2015 年江西婺源美丽乡村建设与乡村旅游的发展水平，并对两个系统的耦合发展关系进行了实证分析。王淑芳等通过构建定性耦合模型，在资源配置、发展效率和发展机遇之间的互动作用方面研究了新农村建设与乡村旅游的耦合原理。郑石等以福建省 9 个地市为研究对象，对乡村旅游、休闲农业和新农村建设的耦合协调发展状况及影响因素进行实证分析。这些研究主要集中于对乡村旅游与乡村建设两个系统之间耦合关系的分析。

二、乡村旅游对乡村振兴发展的作用

继党的十八大提出建设美丽乡村后，在十九大再次提出了乡村振兴战略，十九大报告把乡村振兴战略列为贯彻新发展理念、建设现代化经济体系的六项重点工作之一，并且报告中强调，实施乡村振兴战略是处理好“三农”问题的关键。乡村振兴是新时期我国“三农”工作的总抓手，其最终目标在于实现我国农村社会经济的全面现代化。“产业兴旺、生态宜居、乡风文明、治理有效、生活富裕”是乡村振兴的总体要求，而这五点要求分别对应了乡村经济振兴、乡村生态振兴、乡村文化振兴、乡村治理转型和乡村社会振兴的发展内涵。由此可见，新时期下的乡村振兴是一项内容多元的系统性工程。它不单纯是某一领域、某一方面的振兴，而是既包括经济、社会和文化振兴，也包括治理体系创新和生态文明进步在内的全面振兴。乡村振兴的最终目标在于追求乡村的全面协调可持续发展和乡村的现代化，进而破解我国当前城乡发展不平衡不充分的矛盾。

乡村振兴的基本内涵决定了乡村振兴内容的丰富性和多样性。而乡村旅游作为社会经济发展的产物，有助于实现农业的多功能性价值，并对乡村社会、经济、文化等各方面均具有显著的积极影响，是实现乡村振兴战略的重要路径和抓手。在实施乡村振兴战略的过程中，发展乡村旅游业是当前的重要工作之一。当前，乡村旅游产业逐步成为农村地区的支柱产业之一，乡村旅游的快速发展能有效推动乡村产业发展、带动农民增收和推进农村脱贫攻坚。乡村旅游业不仅能够提升当地的社会经济发展，同时还满足了广大城市人民的多元化旅游需求，还是推进建设美丽农村的有效手段。村民们可以利用当地的自然资源禀赋和独特的文化习俗吸引外地游客，继而有效地带动地方经济的发展。

乡村旅游对乡村振兴的促进作用体现在以下几方面。

（一）促进产业集聚融合，助推产业兴旺

产业兴旺作为乡村振兴的目标任务中排在首位的任务，其地位和重要性不言而喻。在乡村振兴战略的实施过程中，产业兴旺是根本和保障，更是首先要完成的工作。乡村旅游属于旅游业的一个重要分支，而旅游业具有产业链长、综合性强、拉动效应显著的特点。乡村旅游是依托于“三农”资源的新型业态，同人民群众对于美好生活的向往高度契合，日益成为践行产业兴旺的重要路径。发展乡村旅游不仅能带动当地旅游业的发展，同时能够带动其他产业的集聚、融合、创新和发展壮大，从而促进产业兴旺。

1. 发展乡村旅游有利于唤醒“沉睡”资源

乡村往往依山傍水，有广阔的土地，有农田、牧场、鱼塘、农舍……得天独厚的自然风光吸引人身临其境，感受着大自然带来的乐趣。大力发展乡村旅游有利于唤醒“沉睡”的资源禀赋，真正地变“绿水青山”为“金山银山”。

例如庐江县万山镇长冲村，早在1959年因一曲《十里长冲好风

光》而闻名。云里安凹是庐江县第一个民宿综合体，项目总投资 3500 万元。万山镇通过宅基地置换或货币化补偿方式，收储了长冲村安凹村民组内 13 户闲置农房（宅基地），建成了这个高端民宿。2021 年 11 月，云里安凹民宿被评为全国首批甲级旅游民宿。

2. 发展乡村旅游能够带动乡村产业发展

与其他旅游形态一样，乡村旅游也涉及食、住、行、游、购、娱六大旅游核心行业，乡村旅游的发展势必会促使旅游目的地六大行业的集聚和发展，如带动景区周边公共交通、饮食小吃、休闲娱乐等产业的发展。乡村旅游业具有投资小、见效快、转换成本低和劳动力密集等特点，是实现农村第一产业和第三产业融合发展最为有效和低成本的业态。据世界旅游组织资料显示，旅游业发展的投资乘数为 4.3，即每增加 1 元的投资，就能产生 4.3 元的收益。可见，发展乡村旅游对于优化农村产业结构、促进产业繁荣具有重要意义。通过开展乡村旅游能够促使庞大的人群、物资、信息向乡村集聚，进而极大地促进乡村地区交通运输业、物流服务业、信息科技产业、房地产业等相关行业的繁荣兴盛，达到一兴百旺的效果。通过发挥乡村旅游产业的综合带动功能，实现乡村旅游边际效益提升，推动产业链条延伸、融合发展，从而提高乡村整体经济实力，实现产业兴旺。

例如海南省澄迈县加乐镇，着手打造效古村为“中国沉香加工之村”，完善文化室等公共设施和村容貌改造工作，坚持以沉香产业为支柱，将效古村建设成种植、加工、产销、赏香、品茶、农家乐、水上娱乐、江边垂钓、家庭住宿为一体的乡村旅游景点。

3. 发展乡村旅游有利于推动农村地区产业结构转型升级

发展乡村旅游能够带动种植业、养殖业、畜牧业等产业链的联动整合，使之与文化、康养产业相融合，提高农产品附加值，增加农民经济收益，形成以农促旅、以旅哺农的良性循环。依托乡村资源特色，因地制宜发展特色乡村旅游，有效延伸农业产业链，将传统单纯的农耕活动与休闲农业观光、农业科普教育、特色农产品加工、传统乡风民俗和现代乡土文化有机结合起来，推动农业资源就地转化为旅游资源，实现农业一产与旅游服务三产的有机结合。通过“乡村旅游＋农业”“乡村旅游＋金融”“乡村旅游＋物流”“乡村旅游＋互联网”“乡村旅游＋教育”“乡村旅游＋电商”以及“＋旅游”等多种形式实现产业的深度融合，拓展农村农业产业链，促使农业结构优化升级，促进农产品增值，提高农民收入。

例如南京市浦口区，以479平方千米的美丽乡村示范区为主体，持续推进乡村民宿村建设工程，积极开展民宿资源与职工疗休养活动相结合试点。在旅游发展中融入“以人为本”理念，打造“从白天到黑夜、吃住行游购娱”全通式的新场景和新产业集群，构建以休闲旅游、特色工业、文化创意产业为核心，多个延伸产业融合发展的产业集群。

（二）美化乡村生态环境，助推生态宜居

1. 发展乡村旅游有助于提升乡村生态环境

“绿树村边合，青山郭外斜”，是我们对乡村环境的直观认识和文化记忆。良好的生态环境是乡村的最大优势和宝贵财富，也是乡村旅游发展的生态本底所在。可以说，乡村旅游既是产业生态化的典型代表，也是生态产业化的重要载体。

发展乡村旅游有利于乡村生态环境的改善和保护，开发乡村旅游

有利于乡村旅游参与者生态环保意识的提升、有利于乡村生态环境的改善与保护。

例如英德市连江口镇连樟村，从“三清三拆三整治”做起，大力整治村容村貌，改善“脏乱差”的现象，清理整治并建设了河滨绿道，新建星级公厕、小公园、停车场等公共服务设施，全面完成巷道硬底化工程，建成污水集中处理系统……一栋栋新楼房依山而建、错落有致，乡间小道上的三角梅竞相绽放，清澈的溪流潺潺流淌，山水田园间萦绕着悠悠乡韵，各地的游客络绎不绝，被评为“广东十大美丽乡村”。

2. 发展乡村旅游有利于人与自然的和谐共处

吸引游客、留下游客，满足游客在欣赏优美的田园风光、体验乡村民俗生活的过程中，走进自然、爱护自然、融入自然的情感需求，实现乡村旅游的可持续发展。打造人与自然和谐共生发展新格局，实现“游客乐、百姓富、生态美”有机统一。

例如溧阳市塘马村，经过持续开展绿化美化和改造提升，塘马村焕然一新，并建起了戏曲工作室、写作工作室、书画工作室、民间文艺家协会工作室、设计工作室以及“以茶代酒馆”“看菜吃饭馆”“睦邻体验馆”“肯买愿卖”等特色餐饮住宿商贸设施。村前村后的土地经过流转，用于打造“我家自留地”品牌项目，面向城市人群招租，聘请村民当“田园管家”，让城乡居民共享田园之美。

（三）提高农民素质，助推乡风文明

优秀而独特的乡土文化和农耕文化资源是乡村无形的资产，是乡村旅游发展和延续的灵魂。乡村地区在开展乡村旅游时吸引了大量不

同地区的外来游客到此游览观光体验，除了给当地带来巨大的经济效益外，人员的流动和交流也促使城市的现代化文明传播至当前的乡村，外界的文明和游客对当前乡村地区的期望，对当地居民的思想和农村社区风气的塑造产生了积极的正面推动作用，有利于乡村文明的建设。

1. 发展乡村旅游有利于乡村文化的传播

文化是旅游的灵魂，乡村独具特色的民族风情、民间工艺、建筑服饰、语言文字、饮食文化和文明的乡风是影响游客出游选择的重要考虑内容，越是拥有独一无二的优秀的乡土文化的乡村地区，越是得到旅游者的青睐，乡村旅游发展得也越好。乡村旅游在开发过程中深度挖掘乡村传统的民风民俗、名人名事，打造文化品牌，旅游宣传的过程也是文化传播的过程。

实现乡风文明文化建设是乡村旅游发展的软实力，也是发展乡村旅游的主要目标之一，旅游发展不仅是给旅客体现其具有特色的景点和舒适的环境，还要给游客呈现出其具有地方特色的文化，然而这些文化更多的是依托人为载体而展现，即如何给游客留下良好而又深刻的印象，因此重视旅游人才培养，给旅游发展注入新力量，以及加强村民的素质教育，提升他们对传统民族文化的保护意识，是必不可少的。

例如安徽省历史文化名镇孔城镇，境内山水田园风光优美，民俗文化资源尤其是非遗资源十分丰厚。近年来，孔城镇挖掘民俗文化，让非遗融入乡村旅游中，突出乡村旅游的文化特色，吸引游客、留住游客，推动乡村旅游发展。当地邀请民间艺人出山，恢复了失传 70 年的“悠秋”、花轿等非遗道具及表演；组建乡村民俗文艺表演队伍，表演舞龙灯、舞狮子灯、十番锣鼓；抢救门歌与大鼓书等非物质文化遗产，组织民间文艺人才根据时代节律，撰写反映时代发展与乡村振兴的说唱新词，赋予民俗文化新生命。

2. 发展乡村旅游有利于推动乡民物质生活与精神生活和谐共生

解放和发展生产力，消除剥削与两极分化，最终达到共同富裕，这是社会主义的本质要求，也是社会主义国家的理想未来。党的十八大以来，我国在党坚强有力的领导下，打赢了脱贫攻坚战，全面建成了小康社会，人民的物质生活水平显著增强，向实现共同富裕迈出了一大步。

共同富裕的要求不仅体现在物质层面，还体现在精神层面。在精准扶贫的政策推动下，即便广大贫困农村地区实现了经济上的脱贫，但精神上的贫困只能以精神文明建设为切入点来消解。随着国家持续推进农村第一、第二、第三产业融合发展，旅游型乡村迅速崛起，乡村民宿、农家乐数量迅速提升，农民的收入渠道大大拓宽。随着旅游型乡村物质生活水平迅速提高，更要丰富乡民的精神世界，一旦物质与精神的天平出现失衡，重视经济却忽视人文精神，重视物质却忽视道德礼仪，便会滋生一系列诸如拜金主义、享乐主义、奢靡之风等社会问题。实施旅游型乡村文化振兴，以传统美德和社会主义核心价值观为主旋律指引乡民的价值理念，以优质习俗和新时代文化惠民活动为主要素丰富乡民的精神生活，以村规村约和乡村法治建设为主阵地筑牢乡民的思想底线，有利于推动乡民精神生活共同富裕，有利于旅游型乡村的整体建设，有利于提升乡民的精神层次与幸福感。

3. 发展乡村旅游有利于农民文化自信及素质的提升

乡风文明程度是当地文化自信的侧面表现。我国是一个拥有悠久乡土文明的国家，讲究耕读门第，有意识地寻求和保护传承并且弘扬悠久深厚的传统乡村文化遗产，对乡风文明的建设无疑是有重大作用的。同样的，当乡村旅游目的地居民的文化自信水平提高，就能清楚地认识到当地文化遗产的魅力和重要性，自然会加入文化遗产挖掘利用的工作中，乡风文明也就在这一过程中得以建设发展。

由于乡村旅游的发展，政府加大了对基础设施建设的投资，而且有些已具备一定规模的农家乐业主为了更好地吸引旅客，不断对已有的基础设施进行增加建设，使农村的道路、水电、垃圾处理等基础设施功效进一步加强。通过发展乡村旅游，农民的文化知识和综合素质有了显著提高，民主意识和行业意识得到增强，发展理念、职业道德在他们心中愈加壮大。乡村旅游作为一种新兴产业，已成为城乡经济、文化一体化的重要纽带，加快了农村的现代化建设和精神文明建设。

4. 发展乡村旅游有利于促进城市与乡村文化的交流

一方面，当地的居民受到了外来诸如时间观念强、言行举止得体、诚实守信等现代文明的熏陶和感染，会不自觉地去提升自身的综合文化素质，有利于正确价值观和良好品德的塑造。另一方面，当地居民和经营者在提供旅游服务、营销宣传、产品设计过程中都融入了当地的文化，传播了当地的文明，助推了乡风文明的实现。

例如新邵县坪上镇小河村，因一条小河贯穿整个村庄得以命名，山高坡陡，2005 年 3 月才通电，2010 年 12 月才通车，曾经是省级深度贫困村。近几年来，小河村在国网湖南省电力有限公司驻村帮扶下，坚持点、线、面结合，整体和谐美观的原则，大力植树、种草、栽花，抓好房前屋后的绿化，在村内建设公共绿地、居住绿地、防护绿地和环村、环路林带，打造既拥有自然人文风情又充满现代生活气息的美丽乡村，成为远近闻名的示范村。同时，该村通过公告栏、墙体画、工地围挡、广告牌等设施，以群众喜闻乐见的形式，将社会主义核心价值观、讲文明树新风、文明家风、善行义举等内容融入百姓日常生活。以农村党员志愿服务为抓手，广泛开展“邻里守望”志愿服务，弘扬奉献友善新风，营造人人为我、我为人人的社会风尚，为乡村振兴注入源源不断的精神动力和生机活力。

（四）提升乡村治理能力，助推乡村治理有效

1. 发展乡村旅游，有利于完善农村基础设施建设

旅游对于环境卫生及整洁景观的要求，将大大推动农村村容的改变，推动卫生条件的改善，推动环境治理，推动村庄整体建设的发展。旅游追求个性化、特色化、原生态、唯一性等，形成了旅游村庄的独特面貌和村容，是打破目前新农村建设中“千村一面”的最佳模式。乡村旅游开发后，在相关规划指导下，基础设施投入会不断加大，农村道路、农田设施、供水供电设施、垃圾处理系统、图书室、文化站、健身房等将得到彻底的改善和提高，为农民工就地创业提供环境条件。可以说，发展农村旅游，有利于农村乃至全国加快建设资源节约型、环境友好型社会，有利于保护资源和环境，促进农村科学规划与基础设施建设，实现村容整洁的目标。

2. 发展乡村旅游有利于缓解农村人口和土地“空心化”问题

作为第三产业中增长最快的产业之一，旅游业一直以来就被视为

关联带动性最强的服务业。在农村地区发展旅游业，不仅能够直接带动餐饮、住宿、交通、手工艺术品、娱乐等的发展，而且可以刺激相关的行业如农村道路建设、农副产品加工、古镇古街修缮等，从而大大解决农村富余劳动力的就业问题。乡村旅游就业容量大、就业熔点低，对于吸纳广大农村地区的农民工本地就业、缓解农村人口“空心化”作用明显。

发展乡村旅游业，既要保持乡村的原始性，又要进行一定程度的项目开发。这些项目用地涵盖农业观光园区、家庭旅馆、农家乐餐厅、旅游商品店，以及其他基础和专项设施用地，是乡村旅游最核心的要素。“空心村”中的大量荒废宅基地和抛荒耕地，在乡村旅游进驻村庄之后便有了用武之地。乡村旅游将成为农村闲置土地重新利用的有力推手。

3. 乡村旅游促进村民到公民的身份转变

乡村旅游发展淡化了基于村民身份进行乡村治理的基础。随着旅游的发展，游客从城市涌入乡村体验乡村的田园风光。乡村旅游发展也推动资金从城市向农村的流动，外来资本投入乡村旅游发展中，推动了乡村经济与外部市场经济的联系。乡村逐渐被整合到一个全国性的经济共同体中去，村民的眼界也逐渐广阔并且提高。乡村地缘关系的封闭性被打破，而开放的地缘逐渐导致的是对亲缘的淡漠，乡村从封闭走向开放。乡村旅游带动了乡村经济发展，给农民带来了当下的经济利益与未来生活的希望，让他们学会了除种地与发展乡镇企业之外新的更好的经济发展方式，得到以前乡村不能够提供的更好的福利。面对从乡土资源与乡村文化中所获取的新谋生手段，他们开始从单纯的利益不外流向与外人共同分享利益的发展方式转变，他们愿意将手中的垄断性资源投入旅游开发中。乡村旅游的开发逐渐瓦解了以村民身份为基础的乡村治理结构，推动了村民参与意识的养成，打破了内外有别向平等的资源与机会的占有分享演变，而这些正是为法定、平等的以公民资格为基础的乡村现代治理提供了土壤，乡村旅游开发成为乡村治理重构的内动力。

4. 乡村旅游有助于提升村民自治的管理水平和基层社区的法治化水平

在乡村旅游发展的初级阶段，为分享经济利益，乡村社区居民的旅游参与往往具有一定的自发性，并易产生无序竞争。为规范旅游经营秩序，促进旅游经济的健康发展，乡村社区在能人的带动下，往往自发成立管理小组，实现旅游社区的自治管理。在这一自治管理的过程中，管理的领域与对象也逐渐由旅游接待向乡村的公共环境卫生、历史文物的保护、利益矛盾的协调等方面延伸。

（五）拓宽收入渠道，助推农民生活富裕

乡村旅游发展对农民增收的促进作用主要体现在以下方面。

第一，就业效应。农民增收的核心逻辑在于其就业的充分实现，并依赖于农村产业结构的持续优化。在中国农村的产业结构中，农业长期占据主导地位，第二、第三产业发展滞后，由于农业生产的周期长、风险大、效益低，导致农户的收入增长缓慢。乡村旅游作为具有较强产业关联性的新兴产业，可以直接或间接地带动农村地区的餐饮、住宿、交通、购物、文娱等产业的发展。发展乡村旅游能够创造大批就业岗位，吸纳农民充分就业，农民通过岗位技能培训和实践锻炼，不仅增长了知识和本领，眼界也得到了拓宽，有利于变“被动就业”为“主动创业”，实现从“传统农民”到“新型职业农民”的跨

越。相比“输血”式的帮扶而言，发展乡村旅游推动了村落基础设施改善，增加了村民的就业机会和收入，拓宽了村民的视野。乡村非农产业的发展会产生大量劳动力需求，从而给农民带来新的就业机会，有助于拓展和优化增收渠道。具体来看，一部分农民不再从事农业生产活动，进入当地非农部门获得了更高的收入；还有一部分农民选择进行兼业经营，提升了家庭的非农收入占比。更为重要的是，农旅产业具有就业门槛低、包容性强的特点，即使是就业竞争力较弱的留守妇女和老人，通过一定的劳动技能培训，也可以承担乡村旅游所需的导游、接待、保洁等工作，实现“家门口就业增收”。

第二，技术效应。休闲农业与乡村旅游发展可以促进蔬菜、瓜果等经济作物的种植。相较于粮食作物，经济作物对技术性的要求更高，农户具有更强的技术采用偏好。因此，休闲农业和乡村旅游的发展通过增加当地游客流量刺激特色农产品的需求，推动当地的经济作物种植，从而促进农业生产中的技术采用。一方面，农业技术的采用可以提高劳动生产率、提升资源利用效率、改善农产品品质，增强农产品的市场竞争能力，从而实现农业增效和农户增收。另一方面，采用农业技术会减少农户必要的农业劳动时间，促使其增加非农就业时间，从而提高家庭的非农工资性收入。换言之，农业技术的采用不仅可以直接增加农民的务农收入，而且能通过时间重配置效应间接增加农民的非农收入。

第三，“造血”效应。一些机构和企业通过为传统村落注入资本，进行不同程度的旅游开发，产生了良好的经济效益和社会效益，对缓解农村剩余劳动力就业压力、保护文化遗产、留住年轻劳动力、加快美丽乡村建设发挥了重要作用。最终变“输血”为“造血”，增强农村发展的可持续性，巩固拓展脱贫攻坚成果同乡村振兴有效衔接。

据数据统计资料显示，2011—2021 年我国休闲农业与乡村旅游接待人次从 7.2 亿上升至 16.22 亿，乡村旅游年营业收入也从 2160 亿元增至 6300 亿元，各项数据稳步增长。2019 年，我国乡村休闲旅游吸纳了 1100 万人就业，拉动了 800 多万农户从中获益，促进农民增收致富作用明显。

农民通过乡村旅游拓宽收入渠道的途径主要有以下几种。

（1）将自家闲置土地用于乡村旅游开发用地进行流转以取得土地经营权的流转收入。农民将土地出租给发展旅游业的相关企业，利用某些固定或者非固定的资产作为原始资金，加盟企业，获得一定股份，从企业内收取分红。

（2）以自有的资产和生产资料对旅游项目进行投资以取得投资收益。农民可将自己的房屋发展为民宿等，获得旅游收入。

（3）利用自家房屋、庭院、设施设备开办农家乐、提供旅游住宿、餐饮、娱乐活动、停车等服务。

（4）乡村旅游的发展需要大量旅游从业者，部分农民受雇于此，工资性收入成为他们增收的主要来源。他们通过与旅游公司确立劳务关系获得工资劳务报酬，如在乡村旅游区从事保安、清洁、讲解、管理、表演、销售等工作。

（5）通过售卖旅游纪念品、传统手工艺品、农村特色农副产品等获取商品销售收入。例如广西壮族自治区，2021 年全区旅游业发展主要指标位于全国前列：全区乡村旅游接待游客约 3.86 亿人次，同比增长 25.7%，占全区国内旅游人数的 48.4%，全国排名第一；乡村旅游消费约 2584.81 亿元，同比增长 28.8%，分别占当年全区国内旅游总消费的28.5%、第三产业增加值的20.6%和全区GDP总量的10.5%。乡村旅游业的加快发展促进了农民增收，例如南宁市乔老村小都百屯，成立旅游服务公司，通过“公司+基地+农户”模式，将农民人均纯收入由2013年的3200元提升到2021年的14275元。

三、乡村振兴对乡村旅游发展的作用

（一）乡村振兴促进乡村旅游环境的优化

农村人居环境是乡村振兴的基础，改善农村的人居环境是贯彻实施乡村振兴战略的重要任务。通过农村人居环境整治提升，逐步完善农村公共基础设施，提升公共服务水平，可以让广大农民群众拥有良好的生产生活环境，共享改革发展成果，增强幸福感。乡村振兴可以为乡村旅游地环境的优化提供资金支持，在实现乡村振兴生态宜居目标的同时，保证了乡村旅游环境的可持续发展。乡村振兴的实施为乡村旅游的发展提供了制度支持和法律保障；同时，乡村振兴会使村民意识到人与自然和谐共生的重要性，在保护自我居住环境的过程中，既为乡村旅游地提供了旅游资源，也维护了乡村旅游所依托的自然生态环境，促使乡村旅游环境得以保护和优化。

（二）乡村振兴促进乡村旅游经济效益的增加

乡村振兴的重点是产业兴旺，是对经济规模和质量提出的要求。乡村产业的

兴旺以及结构的优化，可以更好地实现农业与旅游产业的深度融

合，丰富旅游产品的多样性。与此同时，乡村振兴可以促使乡村旅游产业聚集及产业链延伸，增强旅游吸引力和竞争力，实现乡村旅游经济效益的增加。

（三）乡村振兴促进乡村旅游景观质量的提升

乡村振兴能为乡村旅游发展提供政策支持和资金支撑。我国作为农业大国，农村基数庞大，现成为我国投资建设的重点对象。此外，乡村振兴政策的推行与实施，可以为乡村旅游的开发吸引众多投资商，乡村旅游景观建设得到了资金保障，有利于促进乡村旅游景观数量和质量的提升。

（四）乡村振兴促进乡村旅游设施的完善

乡村振兴可以为乡村旅游的发展提供建设资金，在进行乡村自身建设的同时，促进乡村旅游地基础设施的完善。乡村振兴过程中采取的环卫设施建设、道路交通改善、文娱场所建设、餐饮住宿设施规整、村庄环境美化等一系列措施，均为乡村旅游发展夯实了基础，有效促进了乡村旅游的进一步繁荣。

（五）乡村振兴促进乡村旅游服务管理的改善

乡村振兴为乡村发展引进了高层次管理人才，增强了乡村各产业职业培训，规范了乡村旅游相关产业管理制度，能有效降低乡村旅游投诉发生率，提高游客的满意度。此外，乡风文明建设过程中，能够促进游客与当地村民间的关系更加融洽，增强游客体验感，有效地改善乡村旅游服务管理质量。

第二节 乡村振兴与乡村旅游的耦合动力机制

旅游业具有系统化特征。将旅游视为一个系统，运用系统论的方法，对其整体特征的揭示、组成维度的解构、系统功能的剖析等方面，国内外学者进行了大量研究。系统论普遍联系的观点，解释了旅游系统的动力机制。早期有关旅游驱动力机制的研究主要以城市旅游为主。乡村旅游系统是旅游系统的一种类别，是旅游系统在乡村旅游领域的组织形式。乡村旅游动力机制既有类似一般旅游系统的方面，同时也具有其特殊性。

乡村旅游发展系统与乡村振兴系统相互耦合作用的过程中受到多种因素的影响，多种动力共同推动着二者紧密结合。

乡村旅游发展与乡村振兴的耦合动力机制由三个要素构成：需求驱动力、内生吸引力和协调支持力。需求驱动力以旅游者需求及乡村振兴需求为构成要素；内生吸引力包括乡村旅游地的物质吸引和非物质吸引；协调支持力表示政府及其他相关管理部门提供的协调和支持力度。

一、乡村振兴体系维度解构与动力机制

党的十六届五中全会提出社会主义新农村建设目标，党的十九大报告提出实施乡村振兴战略，并提出“产业兴旺、生态宜居、乡风文明、治理有效、生活富裕”的总要求，与以往相比，内容更丰富、更

全面，标准更高，是新农村建设的深化、拓展、升级。鉴于此，本书将乡村振兴体系划分为产业兴旺、生态宜居、乡风文明、治理有效、生活富裕五个组成部分。

乡村振兴战略是一项庞大的系统工程。当前中国广大乡村地区存在基础设施薄弱、青壮年人口持续外流、农业产业不景气等问题，亟待内需发力替代投资和外需导向。贫富差距收缩、乡村地区的充分发展是释放潜在动能的最大内需。乡村振兴应以激活乡村内生动力为抓手，构建乡村协调发展体系，着力推进乡村经济建设、生态文明建设、文化建设、政治建设、社会建设各子系统协调与可持续发展。乡村振兴战略总体要求的五个方面构成乡村振兴驱动力系统的压力源，对乡村振兴主体产生驱动作用，形成主体响应机制，激发内生动力，进而形成系统协调发展模式。其驱动目标和具体举措可归结为“五位一体”总体布局。

产业兴旺主要着重产业培育与融合、资源的整合、经济转型与收入增长，是经济建设的重要基础；生态宜居要求乡村景观美化、居住质量改善，发展绿色产业，是生态文明建设的首要任务；乡风文明是精神文明建设对农村的具体要求，包括弘扬社会主义核心价值观、乡村文化传承、村民精神风貌改善、和谐社会构建等，是文化建设的重要举措；治理有效是指乡村基层组织建设，健全自治、法治、德治相结合的乡村治理体系，保障农民安居乐业、农村社会安定有序，是政治建设的重要保障；生活富裕要求提高农民的家庭收入水平，不断缩小城乡差距，实现农村物质文化与精神文化的全面发展，是社会建设的根本要求。

二、乡村旅游体系维度解构与动力机制

乡村旅游动力系统是一个复杂的系统，在其内在动力因子相互作用，以及内动力与外动力的相互作用下，驱动着乡村旅游系统的运作与发展。乡村旅游发展驱动机制是揭示乡村旅游系统各个组成部分相互作用的有效方式。

在乡村旅游动力机制剖析的基础上，结合乡村旅游系统的特征以及后文指标体系构建的实际情况，从市场需求—供给条件—产业效应的视角，本书将乡村旅游业系统解构为需求状况、资源基础、支撑条件、产业效应四个维度。

1. 需求状况

需求驱动力是乡村旅游发展与乡村振兴耦合的根本动力。随着旅游市场的成熟，旅游需求日益多样化，乡村中丰富的自然风貌资源、历史文化资源、生活形态资源以及各种物质和非物质文化遗产资源均成为市场关注的重要元素，乡村成为游客欣赏独特的自然风光、现代农业景观，感受传统农耕文化、特色地域文化和回味乡愁的重要目的地，是游客享受优美环境和绿色安全美味饮食、体验淳朴民风民情的重要场所。乡村旅游吸引的游客大多为近程市场，现代休假制度和收入水平为游客到达乡村进行旅游活动提供了条件，大量游客的需要将倒逼乡村旅游发展。

2. 资源基础

资源基础是乡村旅游发展与乡村振兴耦合的主导力量，是驱动二者耦合变化的内力。乡村旅游以乡村旅游资源为吸引物，以都市居民为服务对象，使其满足回归自然的旅游需求。

任何类型的旅游都离不开旅游资源的支撑，乡村旅游也不例外，资源特色和人文地理环境差异是乡村旅游发展的基础条件。旅游资源是乡村旅游发展的第一内生吸引力，也是其发展的内部原因。我国有 56 个民族，不同的民族有着不同的民俗风情，如新疆的维乡、西藏的藏乡、云南的傣乡、贵州的苗乡等；有着各具特色的乡村自然风光，如广东、四川盆地的蔗乡，山东半岛及辽东半岛的果乡，长江中下游的竹乡，江、浙、皖、闽的茶乡，华北平原的棉乡，新疆吐鲁番的瓜果之乡等；有着充满情趣的乡土文化艺术，如盛行于我国乡村的舞龙灯、舞狮子，云南的火把节，陕北农村的大秧歌，东北的二人转，高原上的赛马节，广西的“唱哈”会，傣族的泼水节，里下河水乡的“荡湖船”等；有着风格迥异的乡村民居建筑，如福建的土楼、内蒙古的毡包、苗乡的吊脚楼、黄土高原的窑洞、新疆的平顶住宅、北京的四合院、东北林区的板屋等；有着富有特色的乡村传统劳作，如水车灌溉、采桑织布、骑牛犁田、石臼舂米、牛羊放牧、临泽捕鱼、采菱挖藕、养鸡喂鸭等。这些旅游资源具有极强的吸引力，游客慕名而来，为乡村旅游发展奠定了良好基础。

3. 支撑条件

马斯洛需求理论在提升旅游吸引力方面有着非常重要的指导作用，随着人们对物质生活的要求越来越高，人们越来越关注和追求旅游过程中体验感知的满足。李晓赜（2020）将旅游服务设施作为影响因素之一，认为旅游服务与设施是旅游活动顺利开展的基本因素。旅游服务是指旅游服务人员通过各种设施、设备、方法、手段、途径满足旅游者的生理和心理需求，触动旅游者情感，唤起旅游者心理共鸣，使旅游者产生惬意、幸福之感并乐于交流、乐于消费的一种过程。服务即产品，为游客提供意料之外和体贴入微的优质服务，是提高游客体验性和培养游客忠诚度的制胜法宝，优质服务确能起到提升品质、提高消费量的作用，是树立旅游区良好形象的关键，是扩大旅游区影响力、稳定扩大旅游市场的重要手段。

4. 产业效应

乡村旅游产业链长、产业关联度高、产业带动能力强，可以有效推动乡村产业融合发展，是农村地区优化产业结构、促进产业升级的重要法宝。乡村旅游与更多产业融合，形成“乡村旅游 +”的发展态势，实现乡村旅游产业链延伸，有利于农村旅游与多种旅游形式的有机结合，实现产品更加多样化，向产业化方向发展。

三、乡村振兴与乡村旅游耦合协调响应力

协调支持力是乡村旅游发展与乡村振兴耦合的辅助力量，对二者的耦合发展起指导性作用，主要体现在政府部门。2017 年，习近平总书记在党的十九大报告中首次提出乡村振兴战略，明确指出“没有农业农村现代化，就没有整个国家现代化”。其中，乡村旅游助推乡村振兴战略的有效路径已被写入“中央一号文件”。一方面，乡村旅游全面推动乡村振兴战略，在转变农业经营方式、优化农业结构、增加农民收入、重塑农村格局、实现农村富裕等方面，扮演着不可替代的角色；另一方面，乡村振兴中对于乡村旅游发展、生态环境保护、乡土文化传承和可持续发展具有显著的促进作用，有利于我国现代化发展中农业农村和城乡不平衡不充分问题的解决。2015—2020 年的“中央一号文件”中，曾多次涉及乡村旅游相关内容。2021 年“中央一号文件”重点提到了“休闲农业”“乡村旅游精品线路”和“实施数字

乡村建设发展工程”三项内容。2022 年 2 月 22 日，国务院发布《关于做好 2022 年全面推进乡村振兴重点工作的意见》，其中第十六条提出持续推进农村一、二、三产业融合发展，重点发展乡村休闲旅游等产业。政策、资金的支持以及相关法律法规的制定，均为乡村旅游发展与乡村振兴的耦合提供了有力保障。

第三节　乡村振兴与乡村旅游的耦合系统运行机制

一、乡村振兴与乡村旅游耦合系统的形成

根据人地关系地域系统理论，乡村地域系统是在一定乡村地域范围内，由自然禀赋、区位条件、经济基础、人力资源、文化习俗等各要素交互作用构成的具有一定结构和功能的开放系统。从结构上来讲，自然资源、生态环境、经济发展和社会发展等子系统构成乡村地域系统的内核系统；区域发展政策、工业化和城镇化发展水平等构成其外缘系统。随着全球化、城镇化、工业化、信息化的推进，乡村地域内核系统不断地与其外缘系统之间进行物质流、能量流和信息流的交换。在乡村要素自变动和外部调控的共同作用下，以人口、土地、产业的变化为核心，生产、生活行为中的物质和非物质元素之间发生各式各样的交互作用，乡村的就业结构、消费结构、土地利用结构、社会组织结构等均发生相应转变，乡村地域的生活功能、生产功能、生态功能和文化功能也在不断地发生演化和变异。

乡村地域系统由经济发展子系统、生态环境子系统和社会进步子系统组成，具有综合性、动态性、开放性的特征。乡村振兴作为国家宏观战略体系，涵括了乡村地域系统“人”“地”“业”众多要素，是一个具有特定结构与功能目标的系统，可视为乡村地域系统的一个子系统；乡村旅游作为一个特殊的旅游系统，显然是属于乡村地域系统的子系统。作为并存于乡村地域系统的乡村振兴子系统与乡村旅游子系统，相互作用、相互影响，形成一个有机的耦合整体，本书将其界定为乡村振兴与乡村旅游耦合系统。

二、乡村振兴与乡村旅游耦合系统的作用机制

一方面，作为党的执政理念和全面建成小康社会宏伟目标的乡村振兴战略，是乡村旅游的发展基础与根本，也是乡村旅游的发展目标，对乡村旅游的健康发展起着引领和导向作用。乡村地域系统是乡村旅游的载体，是乡村旅游的主要活动场所，同时也是乡村振兴战略的指向对象。乡村优良的生态环境是开展乡村旅游的基础与前提，是推动乡村旅游的基本动力之一。乡村生态宜居要求尊重自然、顺应自然、保护自然，推动乡村自然资本加快增值。乡村旅游的吸引力来源于乡村独特的自然风光与人文景观，乡村振兴战略的实施可改善村容村貌，提高乡村景观质量，保证乡村旅游的发展基础。乡村旅游本身的开发与发展是一把“双刃剑”，其健康发展也需要乡村振兴战略的正确指引。另外，对于乡村旅游而言，乡村文化价值是乡村的核心价值，文化是乡村旅游的灵魂。乡风文明在整体上强调传承发展农村优秀传统文化，加强农村公共文化建设；在个体上要求提升农民的精

神风貌，培育文明乡风、良好家风、淳朴民风。乡风文明对于乡村旅游可持续发展至关重要，复兴乡村传统文化可丰富乡村旅游开发的内涵，激发乡村旅游的活力。而乡村振兴之乡风文明的总体要求为乡村文化保护、传承提供了正确指引和重要保障。

另一方面，作为乡村建设的重要驱动力的乡村旅游是乡村振兴目标实现的有效路径选择。十九大报告中提出了“实施乡村振兴”的国家战略，报告中关于“农业农村农民问题是关系国计民生的根本性问题”“必须始终把解决好‘三农’问题作为全党工作重中之重”“要坚持农业农村优先发展”等一系列新的论断，进一步确认了纠正“城市偏向”发展模式的国家意志，也确认了坚持“城乡融合发展模式”的国家战略。解决城乡发展不平衡、农村发展不充分这一突出问题，加快弥补全面建成小康社会的乡村短板，是乡村振兴战略的基本出发点和核心思想。而发展乡村旅游，则可利用乡村独有的旅游资源吸引功能，实现“城市利益让渡”的有效调节，破解中国社会经济发展中的关键痛点，实现乡村振兴战略目标。

产业兴旺是乡村振兴的源头根本和基础前提。实现产业兴旺，则要通过产业模式创新，实现三产融合发展，延长产业链、价值链、增收链。发展乡村旅游不但能直接带动传统农业发展，而且能带动农副产品深加工、手工艺品生产、旅游用品和纪念品生产开发等共同发展，通过优化乡村产业结构，实现乡村产业兴旺；乡村旅游资源开发保护、基础设施的改善本身就是乡村自然—社会生态环境的优化，切合生态宜居要求；旅游产业经济效应是乡村居民增收的重要途径，切合了生活富裕的要求；乡村旅游活动的开展、旅游市场的扩大，有利于开阔居民视野、提升自我素质和文明程度、传播乡村文化，则是乡风文明的具体体现。

因此，乡村振兴体系为乡村旅游提供了发展基础和目标导向，而乡村旅游体系要素完美切合了乡村振兴战略的总体要求，是实现乡村振兴的有效途径。通过参与主体的驱动—响应机制，形成乡村振兴与乡村旅游耦合系统，二者相互作用、相互影响，推动系统运作、演化与发展，如图 4-2 所示。

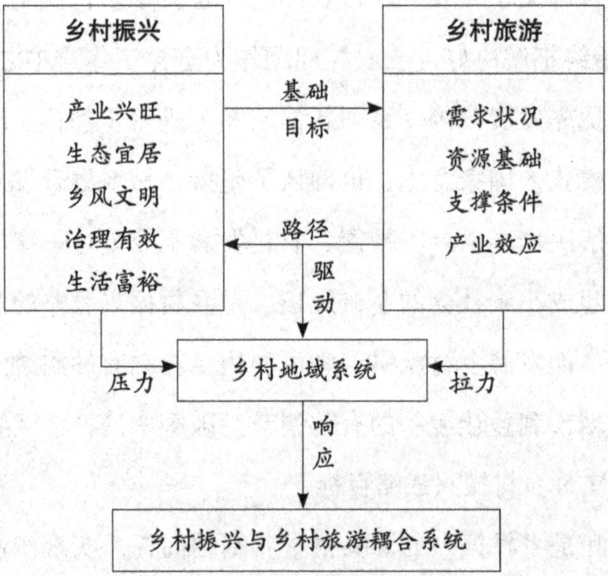

图 4-2　乡村振兴与乡村旅游耦合系统的形成与作用机制

第四节　乡村振兴与乡村旅游耦合发展类型

根据对乡村振兴与乡村旅游耦合系统的动力机制及运行分析，可以把乡村振兴与乡村旅游的耦合形态分成自然耦合型、市场主导耦合型、政策主导耦合型、产业主导耦合型，如表 4-1 所示。

表 4-1　乡村振兴与乡村旅游耦合发展类型

耦合类型	动力特征	典型代表	案例
自然耦合型	集散机制、市场机制和调控机制都较强	集散型旅游村庄、旅游古村落	山西省晋城市良户村
市场主导耦合型	强市场机制，集散机制和调控机制较弱	城市周边旅游村落	湘西土家族苗族自治州凤凰县竹山村
政府主导耦合型	强调控机制，市场机制和集散机制较弱	旅游扶贫村、欠发达地区旅游村庄	贵州省西江千户苗寨
产业主导耦合型	强集散机制，市场机制和调控机制较弱	城郊地区，生态农业或者休闲农业园区周边	江苏省无锡市万马村

一、自然耦合型

自然耦合型的乡村一般表现为集散机制、市场机制和调控机制均比较强。乡村及周边区域旅游资源丰富，基础设施好，区域旅游发展水平较高，乡村旅游产业带动性很强。乡村建设在旅游业的引导下与旅游发展耦合，在乡村环境的打造、乡土资源的开发、乡村文化的挖掘、基层组织的构架、基本政策的制定等方面都 紧密与乡村旅游的发展相结合。因此，自然耦合型主要存在于旅游村落、旅游古镇以及知名旅游景区的周边。这类乡村旅游与乡村振兴自然耦合的地区，一般吸引力强、投资价值大、旅游市场较好，外来企业发现以后投资的可能性也较大。

中国历史文化名村良户村，就是乡村旅游与乡村振兴自然耦合的典型代表。良户村被誉为“一座活着的太行古村落”，是山西省首批100家3A级乡村旅游示范村。该村从2006年开始启动对古村的保护工程，制订出良户的第一份发展规划——良户古村保护规划，并成功申报了中国历史文化名村和国家级传统村落。同时古村外围开发了大批村民住宅，既改善了村民的生活条件，又保存了古村核心的基本风貌。村里成立了良户文化旅游开发有限公司，5年间解决了古院落租赁、农乐园土地流转、建设生态式污水处理场和冲水式公厕等许多重大问题，特色的文化旅游产业带动了广大村民创收致富。

二、市场主导耦合型

市场主导耦合型的乡村表现为强市场机制、弱集散机制和调控机制。这种类型的乡村主要出现在大城市周边的一些村庄。一方面，当前短途游、周边游替代了长途旅游，城市周边的乡村旅游迅速升温；另一方面，当地乡村旅游业还未发展，走旅游发展道路的意识还很薄弱，乡村建设比较落后，特别是基础设施和服务还跟不上旅游接待的需求。乡村旅游者的到来，开始催生社区居民有意识地进行乡村旅游产业打造和乡村建设，乡村旅游项目不断涌现，在各个乡镇，由于缺乏专业运营团队，有人投资没人管理的困境频频出现。为破解这一发展瓶颈，乡村的整体打造逐步走向市场化。

竹山村是湘西土家族苗族自治州凤凰县麻冲乡的一个纯苗族聚居村，在县委、县政府领导下，在省文旅厅的大力帮扶下，引入凤凰旅投公司，实现了与市场的有机嫁接，全面开启了政府投资引导、企业投资主导开发的新局面，短时间内聚集各方力量，先后投入5000余万元，17天建成老洞露营基地，3个月建成苗岭无边界温泉游泳池、竹山乡居民宿和“爱在竹山”沉浸式体验景区，快速地推进竹山乡村旅游的产业化进程。在2020年湖南（国际）文化旅游产业博览会上，以竹山为例探索可复制、可推广的乡村旅游精准扶贫新经验新模式，被列为湖南省文化旅游扶贫6件大事记之一。

三、政策主导耦合型

政策主导耦合型表现为强调控机制、弱市场机制和集散机制，主要存在于欠发达地区的偏远乡村或者贫困村落。贫困地区的旅游开发自我启动困难，在人力、物力、财力等方面障碍重重，需要外援力量的支持，而政府的“扶”可作为一种外援力量成为贫困乡村旅游开发不可或缺的拉力。政府以发展生态友好型的乡村旅游为出路，大力扶持乡村居民进行乡村旅游产业开发，并在乡村基础设施、乡村危房改建、乡村旅游服务培训等方面给以政策优惠和资金支持，乡村旅游扶贫能够最大程度上改善贫困地区的经济环境与居民经济收入水平，并探索可持续发展路径，防止牺牲环境为代价脱贫。

西江千户苗寨是贵州省典型的贫困村之一，其浓郁的民族风情和丰厚的苗族文化保存完好，具有极高的旅游开发价值。西江千户苗寨政府在旅游规划、产业定位、市场宣传、社区参与、人员培训等方面发挥了积极的主导作用，并构成了其特有的运行模式。

四、产业主导耦合型

产业主导耦合型主要表现为强集散机制、弱市场机制和调控机制。乡村旅游产业发展基础较为雄厚，休闲农业、渔业、畜牧业、林业等产业发展较好，吸引了大批乡村旅游者前往。由于旅游者的涌入，带动了周边乡村餐饮、住宿、娱乐等业态的兴起和发展，从而带动了周边村庄的美丽乡村建设（包括改进基础设施、房屋改造、文化挖掘、产品打造等），这类耦合地区主要出现在城市郊区、生态农业或者休闲农业园区周边地带。

江苏省无锡市万马村在村社区的引导下，吸引企业家回家创办农业科技公司，吸引新时代青年农民回乡创办家庭农场参与农业生产事业，通过龙头企业的带动，目前已形成了一条完整的“种、产、销”产业链。2018 年入选无锡市特色田园乡村试点以来，围绕“特色 · 田园 · 乡村”的村庄要素，培育特色产业、打造乡村风光，激发乡村活力，努力营造“水畔农家 朝南新象”。万马村先后获得江苏省生态村、江苏省卫生村、农村产业化先进村、市新农村建设示范点、无锡市绿色家园示范村等荣誉称号。

第五章　湛江市乡村振兴与乡村旅游耦合的基础条件

第一节　湛江市发展概况

湛江，广东省地级市，位于中国大陆最南端、广东省西南部的雷州半岛，地处粤桂琼三省区结合部。全市面积 1.3 万平方千米，人口 750 多万。现辖三市、两县和四区，有 1 个国家级经济技术开发区和 5 个省级经济开发试验区，是我国首批对外开放的沿海城市、国家一类大市、全国投资硬环境 40 优城市。先后荣获“广东省卫生城市”“广东省文明城市”“中国优秀旅游城市”“全国双拥模范城市”等荣誉称号。

湛江毗连海南岛，是中国唯一的热带、亚热带半岛海湾城市，是中国汉代海上丝绸之路始发港，首批“一带一路”海上合作支点城市，在国家《北部湾城市群发展规划》中被确定为“两极”之一的重点城市，为广东省域副中心城市。

一、湛江市的发展优势

（一）战略价值独特的区位优势

湛江具有得天独厚的区位优势，地处粤桂琼中心，拥有绵长的海岸线、巨大的土地潜力，拥有华南地区唯一通航 40 万吨级船舶的世界级深水港，将打造全国性综合交通枢纽城市。湛江作为连接粤港澳大湾区、深圳先行示范区、海南自由贸易港、北部湾城市群、西部陆海新通道的核心节点城市，同时也是首批沿海开放城市、“一带一路”海上合作支点城市、广东对接东盟的前沿城市，在区域经济发展和供给侧结构性改革中具有优越的比较优势，在国家打造粤港澳大湾区、支持海南自由贸易港建设等战略中，湛江是重要的战略通道和可靠支撑。粤港澳大湾区城市群和北部湾城市群、海南自由贸易港之间的联动发展，湛江发挥着重要的纽带作用。

湛江是连接中国西南与东部地区的结合部、我国大西南的重要出海口，也是我国大陆沿海通往非洲、中东、欧洲、东南亚、大洋洲海上航程最短的港口城市，处于承东启西、沟通南北、连接海内外的重要战略位置，是中国加入世贸扩大开放、中国—东盟自由贸易区、西部大开发、泛珠三角区域合作、内地与港澳更紧密经贸关系安排和广东省区域协调发展等重大战略实施的理想立足点和结合点，是我国与东盟各国经贸合作的“桥头堡”。

（二）地位独特的港口优势

湛江是一个临海城市，其在地理位置上独具优势，处于我国西南、华南地区，与珠三角和港澳地区相接，而且相邻东盟各国，在亚太经济圈中处于重要的战略地理位置，陆向、海向腹地十分广阔，港口条件非常优越。作为中国最早的 14 个沿海开放城市之一，湛江市从海洋经济中受益颇多，其经济发展水平与港口有着密不可分的联系。湛江港是中国第一个自行设计建造的现代深水港，其水域资源得天独厚，基础设施也较为完善，港域面积达 1460 平方千米，港内岸线长 241 千米，是荷兰鹿特丹港的 3 倍，其中深水岸线长近 100 千米，是世界上少有的现代化深水良港，也是中国大陆通往东南亚、非洲、欧洲和大洋洲等地区航程最短的港口，优越的港口与城市经济发展密不可分。

（三）丰富的资源优势

湛江具有丰富的农业、海产、矿产及油气、旅游、科技人才资源。全市已建成热作、水果、水产、畜牧、林业等八大类 21 个农业商品基地，是全国四大食糖生产基地之一，也是全国最大的桉树、剑麻、红树林基地和著名的菠萝、芒果、红橙之乡，外运菜面积、产量和产值位居全国五大南菜北运基地之首。湛江三面临海，海岸线长达 1556 千米，占广东省海岸线的 46%，水产品产量连续多年居广东省之首，海养珍珠产量占全国的 2/3，对虾产量约占广东省的 40%。湛江矿产资源主要有高岭土、硅藻土、膨润土和泥炭土，储量和质量均居全省前列，南海北部大陆架盆地是世界四大海洋油气聚集中心之一，年产油气当量350万立方米，蓝色滨海与海洋旅游资源、绿色生态与农业旅游资源、红土风情与历史文化资源构成了“蓝、绿、红”三大特色，编织成彩色的湛江。湛江已经具有世界级石化产业基地、绿色钢铁产业基地、世界级现代化绿色环保高端沿海临港产业基地、海上风电产业基地和先进装备制造、新材料新能源和世界一流国际石化产业集聚区。

（四）优越的生态环境和旅游优势

湛江作为热带滨海城市，三面环海，是中国南方最具特色的生态海湾城市，海湾多姿，海岛嶙峋，海滩清纯，有大小岛屿140多个，海域2万平方千米，是广东省海岸线最长、海岛最多、海味最浓的地级市。

湛江年平均气温23℃，PM2.5常年在30以下，空气质量常年位居全国前列，是联合国环境署“GIREC全球资源高效城市”中国首批试点城市、“SUC项目可持续发展先锋城市”中国首批示范创建城市，是全国重点环境保护城市之一和国家级生态示范区试点城市。湛江拥有我国面积最大的红树林国家级自然保护区、近海面积最大的珊瑚自然保护区和“海上国宝”——中华白海豚第二大种群区。

湛江地处雷州半岛，在地质构造史上曾是火山活动非常活跃的地区，是中国著名的第四纪火山区，目前保留有典型的古火山遗址70多座，火山地貌景观非常丰富。湛江的火山遗迹有因火山喷发所形成的独特锥形山体，有因火山熔岩冲刷形成的火山沟，有因火山喷发后岩浆冷却过程中垂直形态不一的表面所形成的柱状节理，还有火山灰沉积断层、火山地貌等火山地质现象。湛江拥有中国唯一的玛珥湖——世界地质公园湖光岩和火山峡谷群，以及全国最大的火山岛——硇洲岛。

湛江是中国唯一的“海鲜美食之都”。湛江海洋资源十分丰富，水产品产量连续多年居广东省首位，湛江海鲜远销全国乃至世界各地，是全国最大的对虾交易中心和加工出口基地，全国每10条对虾中就有6条来自湛江。湛江饮食在粤菜系中久负盛名，其中海鲜美食以用料新鲜、原汁原味及“色、香、味、形”俱全而极具特色。湛江的炭烧生蚝、白切鸡及生猛海鲜风味独特，深受广大游客的喜爱。同时，湛江是水果之乡，优质水果丰盛，有国宴珍品红江橙、“岭南佳果”红杨桃、荔枝、龙眼、芒果、香蕉等。

2022年1月13日，中国互联网新闻中心（中国网）主办的“新时代·中国美丽城市、美丽乡村巡礼”评比活动中，湛江市荣获“新时代·中国最具文旅投资价值城市”称号，赤坎老街荣获“中国最美网红打卡地”称号。

二、湛江市发展现状

2018年10月，习近平总书记赴广东视察并发表重要讲话，在讲话中专门提到湛江，要求“把汕头、湛江作为重要发展极，串珠成链，打造现代化沿海经济带”。早在当年4月份，中共广东省委十二届四次全会提出，广东要以构建“一核一带一区”区域发展格局为重点，加快推动区域协调发展。“一带”指的就是广东省的沿海经济带，包括珠三角7市和粤东粤西两翼7市，其中就包含湛江市。2021年3月，广东省委、省政府公布《关于支持湛江加快建设省域副中心城市打造现代化沿海经济带重要发展极的意见》，在政策上明确地支持了湛江打造沿海经济带重要发展极。

湛江正以“全力做好临港产业、滨海旅游、特色优势农业、军民融合”四篇文章和“重大工业产业项目达产增效、传统产业转型升级、现代服务业提速、高新技术产业培育、蓝色海洋综合开发”五大产业发展计划为抓手，以重大工业项目为龙头、以产业园区为载体、以创新驱动为引领，着力发展现代产业，加快构建高水平现代产业体系。

（一）农业生产形势良好，特色农业发展迅速

根据湛江市统计局发布数据，2021 年湛江市农林牧渔业实现总产值 1051.98 亿元，同比增长 9.1%，两年平均增长 4.8%；实现增加值 659.07 亿元，同比增长 7.8%，两年平均增长 3.9%。“十三五”期间，湛江农业成果丰硕，获批国家级、省级现代农业产业园 15 个，数量居全省第一；累计 26 个农产品入选全国名特优新农产品名录，地理标志证明商标授权 16 件，居全省第一；深水网箱、工厂化养殖规模和产量均居全省第一，“湛”字招牌享誉国内外。

（二）工业生产快速增长

2021 年湛江市实现规模以上工业增加值 867.75 亿元，同比增长 14.8%，两年平均增长 10.0%。湛江大力实施高新技术企业培育计划，高新技术企业总数突破 300 家，湛江高新区升级为国家级高新区；湛江湾实验室、湛江海洋科技产业创新中心启动运营。同时，着力构建现代海洋产业体系，国家海洋经济发展示范区加快建设，新增海洋产

业省级以上新产品74项，海洋生产总值年均增长8.1%。2020年，粤西首个综合保税区——湛江综合保税区获国务院批复设立，助力湛江以更高水平扩大对外开放，利用国内国际两种资源，服务保障粤港澳大湾区及海南自由贸易港建设。

（三）固定资产投资增长较快

2021年湛江市固定资产投资同比增长19.1%，两年平均增长5.8%。2021年湛江市固定资产投资增速排名全省第三，投资总量和同比增速均达到近5年水平，湛江市基础设施投资增速排名全省第三。

（四）市场销售平稳增长

根据湛江市统计局发布数据，2021年湛江市实现社会消费品零售总额1784.46亿元，同比增长8.9%，两年平均增长1.9%。CPI八大类消费价格同比呈现“五涨三降”的态势。其中，教育文化和娱乐价格上涨3.7%，交通和通信价格上涨3.6%，衣着类价格上涨2.1%，居住价格上涨0.7%，医疗保健价格上涨0.2%；其他用品和服务价格下降3.6%，食品烟酒价格下降0.8%，生活用品及服务价格下降0.4%。

（五）财政收入持续快速增长

2021年湛江市一般公共预算收入160.35亿元，同比增长16.4%，两年平均增长10.5%。

（六）居民收入稳步增长

2021年湛江市居民人均可支配收入27646元，同比增长10.6%，两年平均增长 8.8%。按常住地分，城镇居民人均可支配收入 35989 元，同比增长 9.3%，两年平均增长 7.3%；农村居民人均可支配收入 20693 元，同比增长 10.3%，两年平均增长 9.2%。

三、湛江市发展存在的主要问题

（一）经济总量与先进地区的差距越来越大

近年来，湛江经济在中央及省委、省政府的支持下，得到较大的发展，但与珠三角的先进地区相比，不仅差距较大，而且还有拉大差距的趋势。2020 年，广东省的 GDP 超过 11 万亿元，名义增速约为 6%。而湛江 2020 年的 GDP 仅为 3008 亿元，仅占全省 GDP 不足 3%。另外，湛江的人均 GDP 仅为全国的 68%，是广东省人均 GDP 的 40% 出头。2020 年湛江经济规模居广东省第十位，在粤西及珠三角以外地区排名第二位，仅次于茂名，与上年持平，经济增速落后于广东省的整体增长。

（二）与周边省市、地区合作沟通机制尚不健全

打造现代化沿海经济带重要发展极，湛江必须积极融入粤港澳大湾区，与海南自由贸易区相向而行。从广东省域范围内来看，虽然有了部分产业项目支持引入湛江，但是在专项资金、资源配置、人才引进等方面还没有特别的优惠政策和完善的区域性的扶持机制。湛江与粤港澳大湾区在区域一体化的进程中，总体水平不高，致使钢铁和化

工等主导产业与茂名等周边地区发展同质化现象严重，无法形成错位竞争优势。湛江与粤港澳大湾区和海南自由贸易区尚未在政府合作层面制度化，区域协调领导小组尚未成立，与周边战略区域无法形成完整的产业合 作，在产业分工布局上不能真正补足短板。合作沟通机制的缺失，导致湛江的高校、科研院所不能很好地组织具有影响力的区域性智库，专家学者的建言无法在多地政府同时被采纳。

（三）产业结构不合理

从产业结构上观察，湛江第一产业占比过高，行业结构表现也不合理。2020 年湛江市第一产业增加值为 622.06 亿元，占湛江市地区生产总值的比重为 0.07%；第二产业增加值为 1051.8 亿元，占地区生产总值的比重为 33.93%；第三产业增加值为 1426.36 亿元，占地区生产总值的比重为 46.01%。湛江作为农业大市，在第二产业和第三产业融合中表现不佳，电子商务、现代物流和文化旅游等产业较为弱小，无法支撑省域副中心城市建设。虽然湛江 GDP 总量在全国排名第 86 位，但是在 2021 中国百强城市排名中湛江没能进入榜单。产业结构不合理，导致湛江市财政收入低，政府财力不足，反过来又无法快速调整产业结构。产业升级转型难度不小，对湛江的高效快速发展形成阻碍。

（四）城市综合服务功能不足，市场活力不足

湛江对周边城市的辐射带动能力，与省域副中心的发展定位尚有差距，主要原因在于城市综合服务功能不足。一是“放管服”改革。这是关系一个地方发展活力的大问题。对于“最多跑一次”目标，珠三角已经基本实现了受审分离、一窗通办、网上审批的行政审批生

态系统，实现无人工干预审批，真正实现“最多跑一次”，切实降低企业营商综合成本。但湛江在有效规范企业监管行为、杜绝“吃拿卡要”现象方面仍然任重道远。二是市场发展欠缺活力，缺乏增长动力。湛江市场活力不足，重要的是非公有制经济，尤其是县域中的民营经济和社会资本发展活力不足，创新型、高科技型企业少。

（五）发展观念滞后

湛江发展缓慢，表面看是地理区位、历史进程、政策导向等问题造成的，但本质上是因为部分干部解放思想不够、发展观念滞后、做事僵化教条，导致城市发展的内生动力不足。尤其是县域的地方干部，小农意识强烈，没有超常的魄力和胆识，对标先进意识不足，在培育湛江的实体产业和现代产业过程中浅尝辄止，导致县域实体经济发展举步维艰。固有思维禁锢严重，无法摆脱画地为牢的思想束缚，在与珠三角的发展竞争中被抛弃，政策上渐渐被边缘化。即便是与同处粤西地区的茂名、阳江洽谈合作，也带着“肥水不流外人田”的思想，导致竞争意识大于合作，各自为战状况十分明显。

第二节　湛江市乡村振兴发展概况

一、湛江市乡村振兴发展现状

2021 年，“中央一号文件”提出全面推进乡村振兴。农业政策性金融服务等相关的帮扶政策让广东乡村振兴从“三年取得重大进展”开始迈向“五年见到显著成效、十年实现根本改变”，在这样整体的天时人和条件下，湛江乡村振兴工作得到长足进步。

根据湛江市统计局发布数据，截至2021年12月，全市居住在乡村的人口为3764300人，占53.54%。全市共有12140个自然村，主要分布在吴川、廉江、雷州三市和徐闻、遂溪二县。

近年来，湛江把解决好“三农”问题作为重中之重，压实市、县、镇、村四级书记抓乡村振兴的政治责任，健全完善党领导农村工作的体制机制，市县两级乡村振兴局挂牌运作，镇级乡村振兴办全部成立，推动乡村振兴不断取得新成效。2021年，全市农林牧渔业总产值达1051.98亿元，同比增长9.1%，实现增加值659.07亿元，同比增长7.8%；建成高标准农田占全市耕地总面积的70%；农村居民人均可支配收入20693元，增长10.3%，增速快于城镇居民，“三农”工作保持健康发展态势。

（一）粮食生产和重要农产品有效供给基本盘稳中向好

湛江高度重视粮食安全，落实粮食安全党政同责，实施“藏粮于地、藏粮于技”战略，累计建成高标准农田437.64万亩，复耕复种撂荒耕地12.5万亩，提升水稻耕种收综合机械化率至78.78%，有力提升了粮食综合生产能力。2021年，湛江粮食种植面积421.61万亩、总产量151.8万吨，超额完成省下达任务，粮食总产量151.80万吨，居全省第二，粮食播种面积和总产量均实现了稳增长，并且生猪存栏量、水产品总量、特色水果种植面积等指标都处于全省前列。

（二）现代农业产业体系建设不断完善

产业兴旺是乡村振兴的基础，也是解决农村一切问题的前提。近年来，湛江立足产业基础和资源禀赋，做好特色优势农业文章，推动农业高质量发展，促进农民增收。现代农业发展提速，完成 28.63 万亩高标准农田建设和 4.87 万亩垦造水田任务，新增粤港澳大湾区“菜篮子”生产基地 3 个、省级现代农业产业园 3 个，遂溪县 RCEP 香蕉国际采购交易中心、徐闻县 RCEP 菠萝国际采购交易中心获批创建。目前，湛江全市累计 40 个产品入选全国名特优新农产品名录、165 个产品入选 2021 年“粤字号”农业品牌目录，位居全省前列。

2021 年，湛江基本实现全市各县（市、区）“一村一品、一镇一业”全覆盖，并争取到农业农村部关于曲界菠萝、良垌荔枝、北坡甘蔗 3 个产业强镇项目，有效构建了村镇之间各有千秋、百花齐放的现代化乡村产业体系。目前，全市获评全国乡村特色产业亿元村 1 个（徐闻县曲界镇愚公楼村）、十亿元镇 3 个（廉江市长山镇、徐闻县曲界镇、廉江市良垌镇），全国“一村一品”示范村、示范镇各 3 个（遂溪县油塘村、雷州市那毛村、徐闻县愚公楼村，廉江市长山镇、良垌镇和湛江市徐闻县曲界镇）；省级“一村一品、一镇一业”专业村 135 个、专业镇 12 个。大力推进助农服务示范体系建设，建成县域助农服务综合平台 7 个、镇村助农服务中心 86 个，为农民服务销售额 5.63 亿元。

湛江发展水产产业得天独厚，拥有“中国海鲜美食之都”“中国对虾之都”“中国金鲳鱼之都”“中国水产预制菜之都”等多张“国字号”名片。“一条鱼、一条虾、一只蚝”作为主打品种，在全国地位举足轻重。全市水产产业年产值500多亿元，从业人员100多万人。

（三）稳步实现农民增收致富

2021年湛江农村居民人均可支配收入20693元，同比增长10.3%。2021年湛江市农村集体经济年收入10万元以上的行政村增加至1513个，增长12.5%。湛江市贫困人口约占全省的七分之一，是全省脱贫任务最繁重的地市之一。2020年5月，湛江全市233737名贫困人口全部脱贫，218个省定贫困村全部出列。建档立卡贫困户人均可支配收入由2015年的3542.10元增加到2020年的15419.43元，增长335.31%，是全省稳定脱贫人口最多的地级市。

湛江各级政府积极促进农民工就业，稳妥推进农村土地制度和集体经济组织产权制度改革，全面推进乡村振兴战略，多渠道促进农民增收。近五年，湛江城乡居民可支配收入比从2017年的1.87缩小到2021年的1.74，城乡差距正在逐步缩小。

值得关注的是，虽然近年来城乡居民收入相对差距不断缩小，但由于城乡居民收入基础差距较大的原因，两者间的收入绝对差额仍在扩大，从2017年的12635元扩大到2021年的15296元，如图5-1所示。

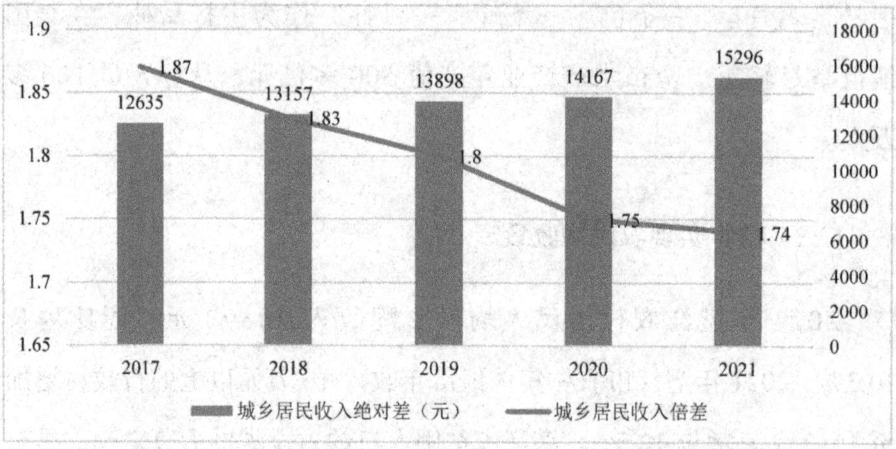

图 5-1 2017—2021 年湛江市城乡居民收入绝对差、倍差

（四）生态宜居环境建设有序有效

湛江坚持把实施“千村示范、万村整治”工程作为改善农村人居环境和乡村振兴的重要载体抓紧抓实，引领湛江农村向生态宜居发展。全市 12140 个自然村 100% 完成“三清理三拆除三整治”、建立垃圾收运处理体系和保洁队伍等工作；清理整治泥砖房 25.71 万间共 62.39 万平方米，建设“四小园”2.64 万个，省定贫困村的美丽宜居标准达标率 98.25%；开展“厕所革命”，无害化卫生户厕累计改成 124.86 万户，普及率达 100%。

交通运输、农村饮水等基础设施建设愈发完善。湛江实施“四好农村路”三年攻坚行动，实现全市乡、村道砂土路 2678.64 千米清零，任务量全省第一。所有行政村实现集中供水，累计解决 10692 个自然村 592.7 万人集中供水，提高农村美好生活保障水平。

（五）乡村振兴保障水平逐步提升

湛江市强化“人”的支撑，推进9个涉农县（市、区）、56个乡村振兴重点帮扶镇乡村振兴人才驿站全覆盖；招募派遣“三支一扶”高校毕业生260人；开展“粤菜师傅”培训并获取证书4.34万人；等等。湛江市强化“财”的支撑，全市一般公共预算农林水科目支出63.97亿元，其中农村类科目支出6.36亿元，同比增长75.19%。湛江市强化“地”的支撑，获取市级用地计划指标约403.21公顷，安排用于乡村振兴项目指标120.03公顷。

（六）农村改革进一步有效深化

湛江坚持以开展改革试点为抓手，扎实推进农村集体产权制度改革，雷州市和麻章区国家级改革试点工作基本完成。全市共清查农村集体资产199.12亿元，农村集体土地1103.76万亩，农村土地流转面积301.53万亩，土地流转率43.1%。创新土地股份合作实现形式，允许土地经营权入股从事农业产业化经营，新增农村承包土地经营权流转面积10万亩，农村建设管理模式得到全省推广，乡村发展新动能持续增强。

二、湛江市乡村振兴存在的问题

（一）产业链现代化水平总体偏低，产业发展层次不高

当前，湛江地区总体处于传统农业向现代农业的过渡时期，呈现

局部效益良好，但整体发展水平较低的状况。近年来，湛江市委、市政府认真贯彻落实党的十六大、十七大精神，全面落实科学发展观，紧紧围绕农业增效、农民增收这一目标，加强对现代农业的引导和扶持，加强基础设施建设，改善市场环境，加快农业结构战略性调整和优化，大力发展农业专业合作经济组织，实施标准化生产和名牌产品战略，注重制度创新，促进现代农业的不断发展。但现代农业总体发展水平不高，尤其表现在集约化、市场化、机械化水平还不高，除了水产养殖机械化较好外，其他农业现代化水平均在全省以及全国处于较低水平。

湛江虽然创建了一些休闲农业品牌和重点示范企业，但除广东雷州半岛现代农业示范核心区等少数企业以外，普遍规模不大，档次不高，精品项目少，产业融合度低。休闲农业旅游产品尤其是农（渔）家乐类型的产品准入门槛较低，一些项目只是在原有的农田、果园、水塘基础上稍微装饰和美化，修整表层面貌，造几处人工景观，满足于“吃个饭、打个牌、逛一逛”。大多数村民将休闲农业产业作为副业经营，规划和建设起点低，创新设计和深度加工不够，经营粗放，难以做成精品。一些休闲农业企业没有办理营业执照、税务登记证、卫生许可证等证照，无证开业经营，设施设备简陋，环境、卫生条件差，服务水平低，多数没有配备消防设施和安全设施，带来很多后遗症。

（二）数字乡村建设进度参差不齐

2019 年 5 月，中共中央办公厅、国务院办公厅印发了《数字乡村发展战略纲要》，提出“要将数字乡村作为数字中国建设的重要方面，加快信息化发展，整体带动和提升农业农村现代化发展”“注重构建以知识更新、技术创新、数据驱动为一体的乡村经济发展政策体系”“开启城乡融合发展和现代化建设新局面”。但目前在数字乡村建设过程中，湛江市缺乏对所辖乡村的彻底调研及了解，没有因地制宜、充分挖掘地方特色，没有形成具有地方特色及发展优势的数字乡村发展模式。目前，湛江市大部分农业用地多以散户居多，未形成规模化种植，甚至个别土地因弃种变成荒地。此外，青壮年农业劳动力外出务工，留守种植人员以中老年人为主，接受信息化、数字化等新技术的能力有限。再加上数字乡村建设本身基础薄弱，缺乏大量专业人才及建设资金，导致智慧城市与数字乡村建设协同发展面临诸多挑战。

（三）乡村治理存在诸多问题

1. 农村利益纠纷倾向复杂化

当前湛江市各地农村土地纠纷、征地拆迁、宗族势力纷争、换届拉票贿选等带来的问题增多，自身利益受损的群体频繁串联、聚集、上访，基层处理的难度加大，如果处置不当，极易引发不稳定因素。

土地权属矛盾纠纷增多，一些村庄长期存在着村民违规盖房、违规建祠堂，尤其是那些权属不清的土地和林地、鱼塘、滩涂发包中带来的利益纠纷，造成矛盾累积，村与村之间、村民与村民之间的冲突现象时有发生。随着一批重大项目先后落户，湛江市迎来全新发展机遇的同时，大批的农村土地被征用、房屋被拆迁，随之而来的征地搬迁引发的矛盾已成为影响基层治理和社会稳定的主要因素之一。

2. 干部服务群众的本领不强

随着脱贫攻坚、乡村振兴战略的深入推进，基层治理工作任务繁重，对乡村干部的素质能力提出更高的要求。当前乡镇工作任务重、人员配备少，乡镇干部在日常需承担大量工作的同时，面临考核、迎检等压力，主动联系服务群众的热情普遍不高。不仅如此，一些乡镇干部履职尽责的能力不强，尤其是对苗头性、倾向性问题重视不够。当前村干部存在文化偏低、年龄老化、能力较弱等现象，直接制约着组织力的提升。

3. 村民共建共治意识不浓

伴随着农村城市化发展，部分村民虽然有强烈的民主意识和参政意识，但集体观念淡薄、个人利己主义突出，给农村经济社会发展带来不利的因素。相当一部分村民只关注自身利益、直接利益，对集体和长远利益关注较少，根本就不知道乡村治理是什么，更不明白共建共治共享的意义所在，参与乡村治理的内在动力不足，甚至还需要村委会提供一定的误工补贴才参加相关的活动。一些村民大局意识薄弱，只想享受权利，不愿意承担义务，导致农村发展缓慢，邻里之间不和谐因素增多。许多村庄普遍存在青壮年主体经常空缺的状态，意味着参与乡村社会常规治理的主要是老年人和妇女群体。这不仅制约着治理的决策效率，而且也降低了治理的整体效率。

（四）公共服务供给区域发展不均衡

湛江各县区因地理区位、资源禀赋、政策扶持等差异，造成区域经济发展失衡。随着城镇化建设提速，市辖区的基本公共服务能力总体高于县级城市的趋势不断扩大。从微观上看，部分城中村和靠近城区的村庄均等化水平远高于其他村庄。因存在信息不对称的现象，导致政府基本公共服务供给与农民现实需要脱节。村庄贫富差距逐渐变大，有的村集体经济上百万，而有的没有集体收入来源，竞争性转移支付使得资源向富村集聚的现象越来越明显。尽管“十三五”期间湛江大力发展县域经济，两极分化的格局有所改变，但全域协调发展的目标任重道远，经济的非均衡性问题仍然突出。县域经济实力的差异直接影响对农村地区的公共财政投入，导致公共产品资源供给不均衡，严重阻碍湛江全市农村基本公共服务均等化建设进程。

（五）乡村教育基础薄弱

湛江市 5 县 5 区，共有基础教育学校 2100 多所，其中 70% 分布在 80 多个乡镇农村，学校平均规模不大、班额小。乡村义务教育阶段学校大部分存在师资不足，特别是边远地区乡村学校更为严重。目前乡村教师专业结构配备普遍不合理，部分学科专业教师极其匮乏。如小学的音乐、美术、体育、英语等，中学的生物、化学、地理等，有的乡镇竟然没有一名专职的中学生物、地理教师，没有一名全日制毕业的小学英语教师。跨学科上课的现象已经司空见惯，没有专业培训，没有科组教研，甚至没有备课教案。由于高中阶段教育办学已逐步向政府所在地域中心镇转移，担负“普高”任务的农村高中实际上已难以招生，规模不稳定、生源基础差、流失不断，反过来也使农村高中教师的选聘更加困难，教师稍有名气就择枝另投。

（六）供需双弱，人才流失严重

就湛江市而言，全市常住人口 736 万人，其中城镇常住人口

323.55 万人，常住人口城镇化率为 43.96%。多数青年外出务工或学习，导致主体人群大部分流失。据统计，2020 年全市本专科以上在校学生约为 156 万人，毕业生约为 34 万人。大部分学生在毕业之后选择在城镇工作，少有专业化人才扎根于当地农村，制约了乡村农业和科技的发展，如图 5-2 所示。

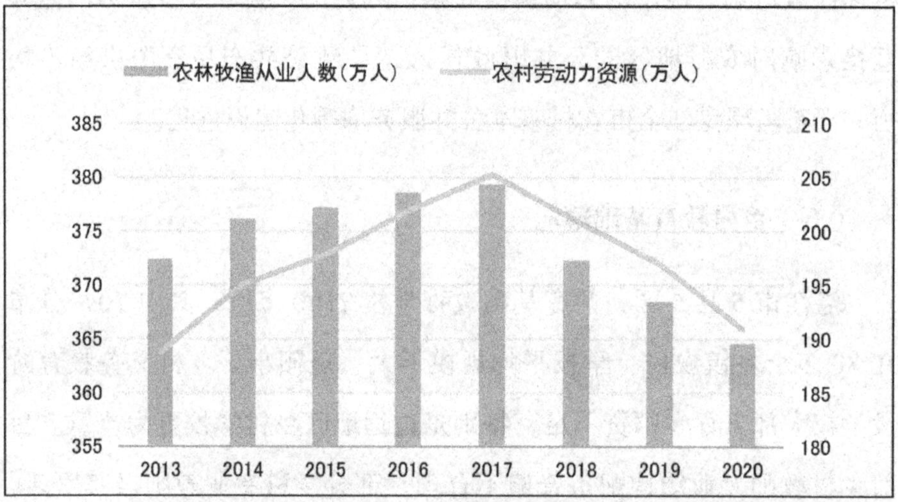

图 5-2 湛江市农村劳动力资源和农林牧渔从业人数

目前，留在湛江农村的，大部分是妇女、儿童和老人。青壮年的缺失，使得农村变成了“空心村”，变得冷冷清清。这些留守群体由于知识文化和能力有限，加上家里家务繁重，参与乡村活动的欲望不强，导致乡村治理主体缺失。

针对这类现象，有部分村镇也找到一些解决方法，例如廉江市良垌镇、吴川市塘缀镇瑚琳杨赤里村等村镇也相继实施外聘人才、短期扶持和培训等，但存在供需双弱的情况，一方面培训需求不高，大多数村民都抱着看热闹的心态参与其中，付诸实践的为少数；另一方面培训供给不足，培训人才不固定，培训经费不足，无法形成长期的培训链。

第三节　湛江市乡村旅游发展概况

一、全国乡村旅游发展现状

推进经济高质量发展是我国新时代经济发展的本质特征。农业高质量发展是经济高质量发展的重要内容，是优化农业环境、满足人民群众对美好生活需要、实现乡村振兴的必然要求。发展乡村旅游是实现乡村振兴的重要抓手。近年来，我国乡村旅游蓬勃发展，在统筹城乡发展、优化农业经济结构、促进农民增收等方面发挥了重要作用。

受新冠疫情影响，2020 年起全国风景名胜旅游地接待规模总体呈现断崖式下降趋势。在不能远行的日子里，人们纷纷选择了近郊踏青或旅居，这进一步给乡村旅游带来了发展契机。以融合发展为抓手的“乡村旅游 +”经济，正以高质量发展的姿态充当乡村振兴的排头兵。随着乡村旅游在各地的兴起和快速发展，农村三产融合越来越紧密，产业结构也得以不断优化，以乡村为单位的地缘经济更是得到大幅提振。新时代背景下，我国乡村旅游经济呈跨越式发展态势，也必将为全面推进乡村振兴战略实施做出更大贡献。

在消费群体持续扩大、乡村旅游呈现常态化发展的背景下，文化资源作为市场细分要素开启了乡村旅游多元化的发展格局。伴随着游客规模的快速扩大，社会参与、游客需求及市场竞争等外在因素对乡村旅游的影响进一步扩大。

1. 乡村旅游市场需求旺盛

近年来，随着人们收入水平的不断提高，我国乡村旅游市场需求日趋旺盛，乡村旅游产业呈现出快速发展的态势。一方面，我国乡村旅游的接待人数和乡村旅游收入不断增加。据农业农村部乡村产业发展司统计的数据，2014 年以来，我国休闲农业与乡村旅游人数不断增加，乡村旅游接待量稳步增长（见图 5-3）。我国乡村旅游的市场需求十分旺盛，乡村旅游作为新时期旅游发展的新业态，已成为乡村振兴的重要突破口。

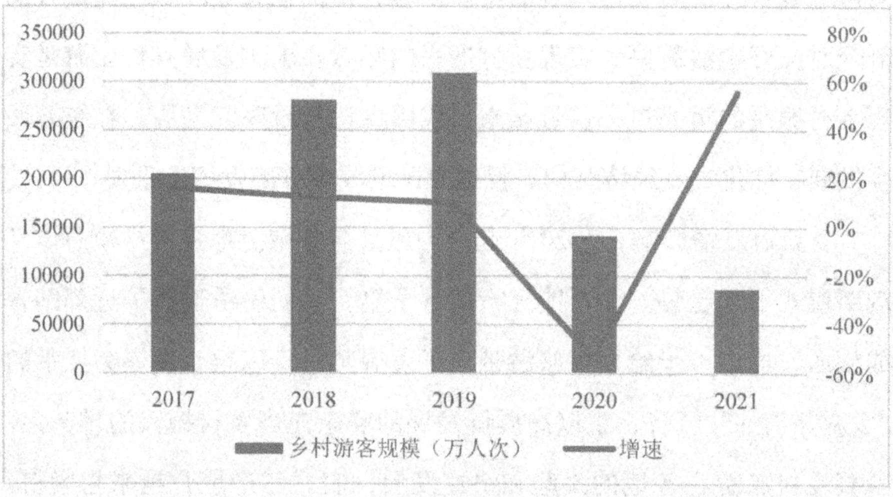

图 5-3　2017—2021 年中国乡村游客规模及增速

2. 乡村旅游扶持政策体系基本形成

党中央、国务院高度重视休闲农业和乡村旅游产业的发展，“中央一号文件”多次提及要大力发展乡村旅游业和休闲农业。近年来，各级乡村旅游管理部门高度重视党中央和国务院的文件精神，相继出台了一系列支持乡村旅游发展的文件（见表5-1），在用地、财政、金融、公共服务、品牌创建、推介宣传等方面全力支持休闲农业和乡村旅游业的发展，这标志着全国休闲农业和乡村旅游政策体系框架的形成。

表5-1 2015—2021年国家支持旅游发展的相关文件

颁布年份	2015年	2016年	2017年	2018年	2021年
名称	《关于积极开发农业多种功能 大力促进休闲农业发展的通知》	《全国农产品加工业与农村一二三产业融合发展规划（2016—2020年）》	《关于推动落实休闲农业和乡村旅游发展政策的通知》	《中共中央国务院关于实施乡村振兴战略的意见》	《关于加强金融支持乡村休闲旅游业发展的通知》
颁布单位	农业农村部等11部门	农业农村部	农业农村部办公厅	中共中央、国务院	农业农村部办公厅、中国农业银行办公室
重点支持政策	重点支持乡村旅游产业和休闲农业在美丽乡村、生态文明、文化创意等维度的功能拓展	重点支持乡村旅游产业多样化发展，鼓励乡村旅游产业不断发展新业态和新模式	从推动政策落实和加强组织管理方面支持乡村旅游业和休闲农业的发展	重点支持乡村民宿、特色小镇、康养基地等乡村旅游产业的精品工程建设	中国农业银行向中国美丽休闲乡村范围内各类经营主体提供人民币1000亿元意向性信用额度，优先保障中国美丽休闲乡村信贷需求

3. 乡村旅游促进农民就业创业

发展乡村旅游可以增加农民的就业机会，促进农民就业创业，是带动农民就业增收和产业脱贫的重要途径。根据农业农村部乡村产业发展司的统计，乡村旅游每增加1个就业机会，就能带动5个农村人口就业。同时，发展乡村旅游延长了农业产业链条，有利于增加农民的各项收入。发展乡村旅游是带动农民创业创新的重要平台。一些地方政府在房租减免、投融资平台搭建、专项扶持机制建立等方面出台了多元化的优惠政策，鼓励和支持各类创业群体到本地乡村发展乡村旅游业，其中特别支持大学生、返乡农民工等“新农人”群体回乡发展乡村旅游业。

例如，四川省广元市剑阁县围绕乡村振兴战略，以优势农业产业为基础，积极发展休闲农业，大力推动乡村旅游融合，通过完善农村公共服务体系和延长产业发展链条促进农民群众稳步增收。

一是旅游线路拉动。开发鹤鸣山道教文化游、碗泉文昌文化游、升钟库区游、化林红色文化游、五指山生态游、石洞沟现代农业园区休闲游6条特色乡村旅游线路。围绕6条特色乡村旅游线路建成26个生态小康新村、12个省级旅游扶贫示范村，发展农家乐230余家、特色民宿53户。

二是产业融合联动。发展双旗美村、普安光荣、柏垭井泉等60个农旅产业示范园区，引导当地农户利用土地、闲置房产等资源发展民俗文化体验、蔬菜种植、土鸡养殖、农家宴采摘、农业观光等项目。农户通过收取土地租金、就地务工、出售农家土特产品等实现就业增收，带动1.2万人就业，人均增收1.5万元。

三是能人示范带动。采取“返乡人士投资＋政府扶持＋农户参与”和“企业＋专合组织＋农户”的方式引领扶贫，100余名返乡创业人士发展餐饮住宿、休闲娱乐、生态康养等现代乡村旅游服务业，吸纳附近村民就业增收，引进 4 个外地企业投资农旅项目，建立蔬菜、水果、干果等专业合作组织 187 个，辐射带动周围群众人均增收 0.3 万元。

4. 乡村旅游新业态和新形式不断丰富

在“十三五”时期，我国产生了一些新型乡村旅游业态和形式，乡村旅游产品也在不断转型升级，越来越注重向休闲、创意、精致等高端品位方向发展（见表 5–2）。当前乡村旅游业态主要包括以下几种形式：一是高科技农业园（教育农业园），该业态以农业优势产业为立足点，通过科技赋能农业产业智能化，推进高科技农业项目落地发展，如上海崇明三岛现代农业园、深圳太空作物园等。二是乡村民宿，即依托当地自然生态和人文环境，利用空闲住宅房间吸引游客前来住宿消费，如徐闻南极村民宿。三是时尚创意农业园，即将农业、文化、时尚潮流等多重因素融合，打造集文化教育、科技展览与创意设计为一体的时尚创意农业园区，如北京蓝调庄园、广西北海田园生态农业园等。除此之外，新的乡村旅游形式还在不断出现，在一些地区出现了以新鲜、收获、家庭化为特色的“观赏农业、采摘林业”形式，以差异、体验、竞赛化为特色的“休闲渔业、体验牧业”形式，以就地取材、就地交易、就地增值为特色的“手工业、乡村艺术”形式，以及乡村酒店、乡村休闲、文化主题村、专业生产村等新的乡村旅游发展形式。

表 5-2 乡村旅游发展趋势

开发乡村景	依托特色农业、自然生态、民族村居等乡村旅游资源发展乡村旅游
兴办乡村乐	支持农村集体经济组织、农民个体与市场主体合作发展乡村旅游
展示乡村艺	着力将乡村农耕、农事、农活技艺和非物质文化遗产、民族民俗等转化为乡村旅游体验活动，全方位展现乡村诗歌、神话、故事、传说、谣谚、山歌、舞蹈、戏曲等民间文化艺术
推出乡村味	围绕吃农家饭、住农家屋、学农家活、享农家乐，突出乡村田园生活味
包装乡村礼	大力实施乡村旅游商品“后备箱”工程，着力将乡村农产品、手工艺品转化为旅游商品，满足自驾游购物需求
举办乡村节	精心策划丰富多样的乡村节庆活动，以节促游、以节富民
组织乡村赛	传承乡村地域特色文化，紧扣农耕体验、民俗体验，突出趣味性、健身性、参与性、观赏性，举办特色的乡村赛事活动。
优化乡村境	着眼乡村旅游业发展需要，大力推进小康路、小康水、小康电、小康讯、小康房建设，建设美丽乡村，展现生态美、产业兴、百姓富的乡村画卷
推广乡村旅	大力推广乡村旅游品牌，充分利用电视、广播、报刊、网络等主流媒体和微博、微信等各种新媒体，开辟专题专栏推广乡村旅游
鼓励乡村行	建设乡村绿道、漫游步道。推出生态行、沿江行、山中行等乡村旅游线路
搭建乡村云	对旅游镇、旅游村实现5G网络和免费WiFi全覆盖。依托全市智慧旅游云，推动乡村旅游线上线下深度融合，打造区域乡村旅游数据库，实现旅游镇、旅游村和乡村旅游企业信息服务全覆盖
提升乡村品	开展乡村旅游品质提升行动，坚持区域化引导、多元化推进、特色化建设、规范化管理，推动全产业链整合、全价值链增值、全环节提升。加强乡村旅游信用体系建设，建立乡村旅游市场主体信用记录，纳入信用信息共享平台，并依法向社会公示，建立信用激励和惩戒机制，营造让游客放心的乡村旅游环境
富裕乡村人	建立农民参与乡村旅游发展的利益联结机制，鼓励农民以农房、农地、农林、农水、农园等入股参与乡村旅游经营，蹄疾步稳推进乡村“资源变资产、资金变股金、农民变股东”改革，让广大农民成为乡村旅游发展的主人

注：根据智研咨询报告整理。

5. 乡村旅游新的模式不断涌现

近年来，在国家相关政策扶持下我国乡村旅游取得了较快发展。各地都在探索乡村旅游发展的形态和模式，取得了一些成功经验，形成了以下我国乡村旅游五大典型发展模式。

一是以田园综合体为主题的综合开发体验模式。以浙江鲁家村为代表。其模式主要是引入社会企业，共同组建经营公司，村集体占股49%，社会企业占股51%，构建“公司＋村集体＋家庭农场”的模式，这是浙江省首家田园综合体和全国首个家庭农场集聚区，带动了鲁家村一二三产业融合发展。

二是以传统民俗和创意文化为主题的村集体组织带动模式。以陕西袁家村为代表。其模式可以归结为“以村集体领导为核心，村集体平台为载体，构建产业共融、产权共有、村民共治、发展共享的村庄集体经济，以乡村旅游为突破口，打造农民创业平台，通过三产带二产促一产，实现一二三产业融合发展”的发展模式。

三是以民宿为主题的休闲旅居模式。以广东禾肚里村为代表。作为全国民宿示范单位一百强——禾肚里品牌旗下民宿产品，禾肚里稻田民宿一经推出，便以其鲜明的农耕主题特色引起强烈的市场反响，成为“网红民宿”。禾肚里以“稻田农耕主题”及“劳作变体验”旅游类型代表获得市场追捧与游客青睐。因地制宜提出把“农耕主题”作为禾肚里核心，客房以二十四节气串联，把亲子旅游作为重要业务板块，搭配本地农特产品与稻田文创产品，实现盈利多样化。

四是以农旅文化融合为主题的乡村旅游模式。以新疆阿勒泰地区禾木村为代表。禾木村作为蒙古族图瓦人的聚居地，是中国保留最完整、历史最悠久的图瓦人部落。充分利用自身特色旅游资源，以淳厚的民族文化底蕴和丰富多彩的自然旅游资源招徕游客，积极打造以旅游为特色的禾木原始古村落，叫响“净土喀纳斯、雪都阿勒泰”核心品牌，通过举办、承办赛事表演、户外主题活动等，利用节庆活动带动民俗游。

五是以自然生态为主题的康养模式。以山东中郝峪村为代表。中郝峪村位于山东省淄博市博山区东南部大山深处，共 113 户 364 人。其模式可归纳为：以休闲农业和乡村旅游为重点，推动农产品生产、餐饮、医疗、教育等服务有机融合发展。

二、湛江市乡村旅游发展现状

（一）湛江市乡村旅游基本情况

湛江市作为广东省的传统农业大市和农业人口大市，乡村旅游资源丰富，湛江市政府也将乡村旅游作为湛江市旅游行业的全新发力点，以“创建国家全域旅游示范市”为目标，倾力打造雷州半岛乡村旅游品牌。

湛江市是广东省的地级市，位于中国大陆最南端，2018 年湛江市农村人口 417.9 万，占全市总人口的 56.99%。湛江市海岸线占广东的 30.2%、全国的 6.9%，滨海休闲旅游历来是该市的旅游热点。湛江也是全国著名的“洗肺之城”，2018 年湛江环境空气质量综合指数排名广东省第二。湛江市作为汉代海上丝绸之路的始发港，拥有丰富、优质、多样化的乡村农业资源禀赋，滨海风景、田园风情、农业种养、民俗民风等各类旅游资源均有呈现。“菠萝的海”被世界知名旅游刊物《孤独星球》评为“广东15个顶级旅游体验地”之一和“广东省休闲农业与乡村旅游示范点”；龙门村被评为“广东旅游名村”“中国乡村旅游模范村”；仕尾村海上丝绸之路始发港遗址入围国家海上丝路首批精品旅游线路；雷琼世界地质公园（湖光岩）是世界上仅有的两个玛珥湖之一，被联合国地质专家称为研究地球与地质科学的“天然年鉴”。2019年4月，《广东省乡村旅游开发资源目录（第一批）》中，湛江共有26个村、215个项目（点）入选，乡村旅游发展前景可观。

（二）湛江市乡村旅游发展现状及存在的问题

1. 乡村旅游资源禀赋优越

旅游资源作为旅游开发的本源，是各类旅游生产活动的起点。虽然近几年湛江市乡村旅游发展较为迅速，但由于其地理位置相对偏远，知名度较省内老牌乡村旅游强市韶关、揭阳等地稍逊。但是湛江市地理位置特殊，位于热带与亚热带交界处，是我国唯一一个地处热带、亚热带的半岛城市，自然景观、植被等具有显著的热带特征，在中国大陆境内属独家、稀缺资源，资源差异性特质较强，对省内外游客及海外游客均有较强的吸引力。且旅游业是湛江市的支柱产业之一，发展热带滨海特色乡村旅游前景可观，如表5-3所示。

表 5–3 湛江市乡村旅游资源分类

主类	亚类	资源名称	数量
乡村自然景观	地文景观	沙头鼻沙滩、谢鞋山、旧县村河岸滩涂、岭头岛大片海滩涂、巴东村地聚岛及海岸线、巴东村养殖池塘及湿地、闪族村笔架岭托梦石蜈蚣石、吉兆月牙湾、吉兆村南天一柱、特呈岛天然怪石、特呈全域旅游岛、放坡村珊瑚礁海岸、放坡村珊瑚礁自然保护区、白茅村火山海岸、仕尾村三墩岛、北草海岸带岸滩、昌洋村昌洋海岸带岸滩、大路海岸带岸滩、姑寮村海岸带岸滩、仙裙岛旅游度假村、江洪肚海滨岸滩	21
	水文景观	下那顶水库、谢鞋村观光河段、旧县村红树林湿地、下埠溪、旧县河、旧县河海口滩涂、岭头村小溪流、岭头村渔港避风塘、岭头村城月河、岭头岛周边、巴东村湛江港及红树林港湾、山嘴村西埇水利、山嘴村乡村世界、吉兆八景水库、吉兆排洪河、吉兆村镇海石、吉兆村绿道、特呈渔岛度假村天然温泉、特呈岛西海岸观景平台、仕寮村红树林海岸、白茅村灯塔礁石、仕尾村红树林湿地、北草海岸带海洋景观、昌洋海岸带防护林生态林、大路海岸带海洋景观、姑寮村海岸带海洋景观、仙裙岛海洋景观、江洪肚海滨海岸带海洋景观	29
	生物生态景观	谢鞋村野生荔枝树等、下埠草地、旧县村古榕树、旧县村红嘴鸥等、岭头村古榕树、岭头村红嘴鸥白鹭鸟等、巴东村下地聚红树林带、特呈岛红树林、特呈岛竹节树榕树、特呈岛国家海洋公园、仕寮村红树林、放坡村珊瑚礁、白茅村白海豚、北草村东边角生态榕树林、大路海岸带防护林生态林、姑寮村海岸带防护林森生态林、仙裙岛自然生态沿海防护林、双村森林公园	18

续表

主类	亚类	资源名称	数量
乡村历史遗存	历史遗迹	旧县村铁耙、旧县村龙眼井等、特呈岛陈武汉家、放坡村解放海南起渡点、仕尾村汉代海上丝绸之路始发港遗址、北草村鲤鱼墩贝丘遗址	6
	红色旅游地	白鸽寨水师重镇方位烽火台、岭头村革命老区、特呈岛陈氏宗祠、放坡村珊瑚屋、大路村蔡凤三蔡凤义故居、姑寮村何玉朝故居、江洪何元儒故居、江洪镇盐渔改良红色运动盐渔改良亭旧址、下洋村粤桂边红色根据地、田西村中共遂溪中心县委成立遗址	10
	交通史迹	牛牯湾	1
	南粤古驿道	铁耙港、仕尾村汉代海上丝绸之路始发港、调丰千年古官道	3
乡村聚落建筑类	宗祠建筑	杨公祠、彭氏宗祠等、孔子庙、岭头村宗祠	4
	岭南民居建筑	旧县村古村落居民区、中央巷、彭氏师祖彭医正故居、仙凤古民居、山嘴村老宅、山嘴村大路巷、河头双村古民居、苏二村古村落、调丰村古村落	9
	特色建筑	泰山府、旧县村古村落居民区、岭头村天后宫、陈廷才陵园、山嘴村青云庵、特呈岛冼太庙	6
乡村民俗文化	民俗与节庆	西湾村神诞日（年例）、谢鞋山荔枝文化节、谢鞋村春节游神、山嘴村麒麟送子、吉兆村祭海、吉兆村年例、吉兆村清明扫墓、吉兆村祭海、吉兆村年例、特呈岛冼夫人诞辰节、白茅村开海祭拜、仕尾村妈祖诞、龙门村菠萝文化旅游节、江洪镇端午龙舟文化节、四联村三月坡阴阳市文化	15
	非物质文化	杨钦公文化、旧县村游神、湛江傩舞、岭头村春游和年例活动、岭头村傩舞田艾雷歌、岭头村妈祖文化龙王文化联宗祭祖、吉兆语言、特呈岛捧犁头	8

续表

主类	亚类	资源名称	数量
乡村民俗文化	饮食与特产	西湾村海鲜、谢鞋村乡土特产、旧县村烧猪等、旧县村火龙果等、岭头村烧猪粭糍饭、岭头村海鲜、吉兆村泥焗鸡、吉兆村海鲜、吉兆村海鲜、吉兆村西瓜、特呈岛自晒鱼干、仕寮村海鲜宴、放坡村海鲜宴、白茅村海鲜宴、仕尾村海鲜宴、北草村江洪海鲜海味、昌洋江洪特色美食、昌洋江洪海产品乡土特产、大路村江洪海产品美食、大路村江洪海鲜制品、姑寮村江洪海产品美食、姑寮村江洪海鲜海味、江洪特色海鲜美食、江洪海产品乡土特产、江洪海产品特色美食、江洪海鲜制品、姓谢村沙古菜头仔手工制作	29
乡村产业融合	农业生产地	牛牯湾生态养殖、谢鞋村番石榴荔枝种植基地、旧县村海水养殖基地、岭头村花卉苗木种植基地、岭头村水产畜牧养殖基地、巴东勤致农场、特呈彩田观光农业、仕寮村制盐、放坡村对虾养殖、仕尾村渔港、龙门村“菠萝的海”、龙门村菠萝种植园、龙门村菠萝菜菠萝宴、洋青镇火龙果基地	14
	休闲娱乐地	六色田园现代农业蔬菜基地、吉兆村海洋车房营地、红岛休闲度假湾、特呈岛温泉度假村、放坡村艺术家部落海角民宿、白茅海度假村、仕尾村南粤古驿道大赛比赛场地、北草休闲渔村、北草民宿、北草海岸带露营地、昌洋休闲渔村、昌洋文化园、昌洋民宿、昌洋海滩露营地、大路休闲渔村、大路民宿、大路海滩露营地、姑寮村休闲渔村、姑寮民宿、仙裙岛渔村、江洪民宿、仙裙岛沙滩露营地、四联民宿、四联渔村、江洪肚海滨沙滩露营地	25
	研学旅行地	旧县村湛江傩舞风情展览馆、特呈岛中心广场、放坡村赶海、白茅村出海捕鱼、仕尾村海上丝绸之路展览馆、北草休闲渔业、昌洋休闲渔业、大路休闲渔业、姑寮休闲渔业、江洪港休闲渔业、四联休闲渔业	11

续表

主类	亚类	资源名称	数量
乡村产业融合	综合开发地	“菠萝的海”乡村旅游区、北草滨海风情特色小镇、昌洋滨海风情特色小镇、大路滨海风情特色小镇、姑寮滨海风情特色小镇、江洪滨海风情特色小镇、四联村滨海风情特色小镇	7

注：根据《旅游资源分类、调查与评价》(GB/T18972-2017）和《广东省乡村旅游开发资源目录（第一批）》进行汇总、整理。

由表 5-3 可知，湛江市的热带滨海乡村旅游资源较为丰富，其中尤以乡村自然景观、乡村民俗文化类别居多。在乡村产业融合类别中，休闲娱乐地和研学旅行地亦呈现出较强的热带滨海旅游特质。在地域分布上，大部分旅游资源都集中在沿海岸线的各村落，呈分散和集中结合的特点。以吴川市（湛江市下辖县级市）吉兆村为例，该村位于吉兆湾旅游度假区内，拥有水库、海岸带、岛屿沙滩、海滩车房营地、休闲农庄、特色民俗节庆、乡土特产等多种优质旅游资源，乡村旅游开发潜力巨大。

2. 市场潜力巨大

根据国家文化和旅游部官方数据，2018 年上半年，广东乡村旅游接待人数 3.37 亿人次，占广东旅游接待人数的 56.25%，城市居民乡村旅游的热情日益高涨，乡村旅游常态化的趋势凸显。《广东乡村旅游大数据分析报告》显示，广东乡村景区产品已有近 2000 个，乡村住宿类产品近 2 万个，其中乡村民宿约 4000 个，乡村餐饮类产品 6 万多个。省内游客占比 71.5%，其中湛江乡村旅游接待人数为 1282 万人次；2019 年 2 月，中国旅游研究院发布了春节期间游客接待前 60 位城市榜单，湛江市居全国第十四位、广东第二位。2017 年湛江市共有注册旅行社52家，客房总数45089间，床位70288张，旅游接待能力较强，旅游业已经成为湛江市经济发展的重要引擎。2011—2019年期间，湛江市旅游产业增幅远超GDP增幅，呈现出较强的上升发展态势，如图5-4所示。

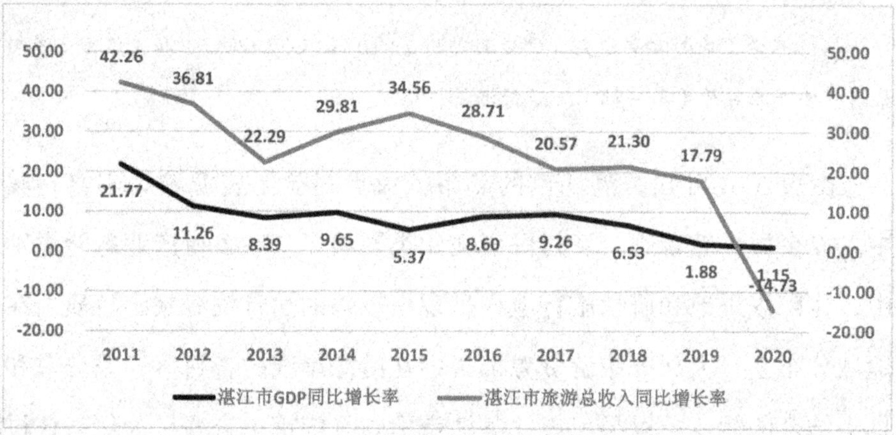

注：根据广东省统计局及湛江市统计局公布的统计年鉴整理、测算。

图5-4 2010—2020年湛江市旅游总收入增幅与GDP增幅比较

湛江地处粤西地区，广东省内尤其是珠三角地区的消费者具有旺盛的出游意识和较强的消费能力，为湛江乡村旅游带来优质客源，每年的七八月份为湛江市的旅游旺季，其独特的热带亚热带海洋风情吸引了大批省内外乃至国外游客慕名前来，各大酒店、民宿的入住率均在80%以上，国庆及春节期间接待人次较其他节日上升较为明显。秋冬季节省内游客量骤减，外省客源显著增长，尤其是冬季，北方的游客被湛江市的温暖气候和空气质量所吸引，冬休客流量近年来增幅较大。大西南地区由于地处内陆，海洋风情对其具有天然的吸引力，近年来作为湛江新兴的客源地，游客数量增速较快。此外，在调查中发现，湛江市乡村旅游游客停留时间较短，过夜率及重游率较低。由表5–5可以看出，游客在湛人均消费水平与省内平均水平相比，还存在一定的差距。

表 5–5 2010—2020 年湛江市游客接待量与旅游收入对比

年份	游客接待量（万人）	同比增长（%）	旅游总收入（亿元）	同比增长（%）	游客人均消费水平（元/人）
2020	754.39	−73.5	513.43	−14.7	680.59
2019	2845.43	7.8	602.13	17.8	2116.13
2018	2639.41	18.3	511.19	21.3	1936.76
2017	2231.47	15.0	421.42	20.1	1888.53
2016	1942.33	13.7	349.52	28.7	1799.49
2015	1756.22	14.4	271.56	34.6	1546.28
2014	1525.22	14.3	201.81	29.8	1323.15
2013	2543.29	13.6	151.84	22.4	597.02
2012	2239.40	23.6	127.00	36.7	567.12
2011	1812.3	28.1	90.2	38.2	497.71
2010	1415.3	23.8	65.3	22.3	461.39

注：根据广东省统计局及湛江市统计局公布的统计年鉴、湛江市国民经济和社会发展统计公报整理、测算。自2014年起，广东省统计局调整统计口径，全省全年游客接待人次由原来的统计总人次（包括过夜和非过夜）调整为统计过夜游客人次。

3. 基础设施配套薄弱

落后的基础配套设施是阻碍休闲农业与乡村旅游发展的因素之一。调研发现，湛江乡村地区的基础设施不够完善，表现为卫生环境、乡风乡貌和住宿条件等方面，部分地区缺少环卫设施，乱堆乱放的情况较为严重；乡村道路大多狭窄，田地较多，旅客驱车困难；在机场、码头、车站缺乏明晰的旅游交通引导标识牌，旅客到达湛江后，无法根据交通标识牌直接锁定路线。到达乡村后，缺少交通引导标识牌，景点没有明确的路线指引，而且交通不方便，没有专门的旅游接送车或公交车，导致旅途中“最后一公里”问题突出。

乡村旅游经营者管理意识薄弱，配套服务设施不够完善，依然保守家庭式的服务水平，乡村住宿、餐饮、购物、娱乐等配套设施条件相对落后，无法满足不同层次旅客的需求。综合各种因素，乡村一日游的游客居多、逗留时间短、消费支出低，降低了乡村旅游带来的经济收益。目前湛江已经开发得较为成熟的乡村旅游线路，如徐闻遂溪踏青朝圣之旅，一路向南、品游半岛，海上丝路探秘，状元故里潮玩之旅等多为一日游、二日游的短途路线，游客的逗留动因不足，过夜游客较少，客单消费能力受到限制。

4. 旅游项目同质化，缺乏内涵

湛江市乡村旅游资源种类丰富、潜力巨大，但是大多数乡村旅游产品设计较为粗放，初级旅游产品居多，观光、休闲属性的旅游产品供应量充足，体验性旅游项目较为匮乏。目前湛江乡村旅游普遍以农家乐和采摘园形式为主，特色旅游项目分为两大类，第一类是未完全型开发景区，以硇洲岛为例，硇洲岛是中国第一大火山岛，火山石遍布，硇洲灯塔是世界仅有的两座水晶磨镜灯塔之一，与伦敦灯塔和好望角灯塔并称世界著名的三大灯塔，是全国重点文物保护单位。但整个岛的环境与基础设施相对来说不太完善，所有景点无法串联且开发不完善，景点位置只能询问当地居民才可以找到。第二类是粗放型景区，以廉江田园寨为例，田园寨是以响应乡村振兴战略而打造的生态休闲康养基地，景区内游乐项目丰富，有玻璃栈道、滑草、漂流、滑索等项目，但在实际投入使用的过程中大多数游客的游玩体验较差。据调研发现，整个园区基础设施不够完善，部分游乐设施并未开放，动物园区中也只有为数不多的动物，在高空游玩项目中由于设备管理不当游客观感较差，园区缺少有文化内涵的旅游产品。

5. 旅游产品知名度低，缺乏品牌效应

在乡村旅游开发过程中，产业的发展也是必不可少的，湛江地区拥有得天独厚的自然条件，当地的水果、蔬菜和海产品丰富，但各类农产品无论在包装还是宣传上都存在雷同现象，例如廉江红橙，红橙的知名度广，每年在廉江都开展红橙文化节，但廉江红橙的品牌效应不高，市面上的红橙品牌多种多样，影响了红橙的宣传和消费者的认可度，与此类似的还有徐闻的“菠萝的海”和坡头区的乾塘莲藕。由于电商平台的发展，大多数农副产品都是农家自行在网络上进行售卖，但自家售卖的农产品质量无保证，认证也不够完善，给当地特色农产品的发展造成一定影响。

民宿作为乡村旅游中重要的一环，在“吃住行游购娱”六元素中占据重要位置。但是目前湛江市的民宿尚处于无序发展阶段，没有符合本地实际的民宿发展规划，分布零散，没有形成具有相当规模和较高知名度的民宿集聚发展区域；没有确定的专管部门，民宿品牌市场定位模糊，没有细分市场，也造成民宿主题不突出、特色不明显等问题；民宿经营者缺乏系统营销意识。

6. 宣传力度不足

对外宣传推广和创新的营销手段是发展湛江休闲乡村旅游业最直接、最高效的途径。当今互联网时代，薄弱的宣传营销是阻碍休闲乡村旅游发展的关键因素之一。对外宣传营销力度不足，致使外界对湛江休闲乡村旅游的认识不多。用在宣传营销环节上的资金不足、互联网宣传营销方式单一、对外宣传的意识不够、宣传手段创新不足等，致使旅客对湛江的民风特色、人文历史、生态环境的认识和了解很少，大大减少了旅客数量。在对湛江市乡村旅游产品的调研过程中发现，大部分乡村景点景区的信息化水平偏低，乡村旅游地信息化建设水平参差不齐，大部分村落尚未上网，未配备基本的网络设施设备，缺乏相关的网络信息资源建设。某些国家级景区（如湖光岩国家地质公园）已实现 VR 全景导游，而个别乡村旅游景区（如谢鞋山）甚至尚未实现网上电子购票。与此同时，在携程、驴妈妈等主流 OTA 平台上亦无法查到许多旅游景点景区的票务、攻略等信息，导致旅游资源“藏在深闺无人识”。

第六章　乡村振兴与乡村旅游耦合度系统构建

第一节　乡村振兴与乡村旅游耦合评价指标体系构建

一、构建指标体系的理论和方法

1. 系统理论

系统学说指出，系统是由各种彼此联系和共同影响的要素所共同组成的有机整体。可把研究对象视为内外互相联系的整体系统，从系统整体、系统内部和体系外部分进行研究，并由此分析确定研究对象的发展规律。

2. 可持续发展理论

可持续发展理念最早出现在 1980 年的《世界自然保护大纲》。1987 年在《我们共同的未来》报告中，可持续发展被定义为：既满足当代人的发展需求，又不对后代满足其需要的能力构成危害的发展。1989 年，首次提出旅游可持续发展概念，即基于资源和生态环境的承受能力，按照符合经济社会发展等标准，实现旅游资源的持续利用，促进旅游发展的经济、社会、生态效益统一的思想。

可持续发展在字面含义上也可理解为：鼓励经济社会蓬勃发展并使之具有可持续性。蓬勃发展必然是可持续的，但可持续性发展必须是在人类、经济环境、资源、自然和社会进步之间的平衡发展、数量和质量并重、规模和速度同步。

3. 环境承载力理论

承载力的概念首先在力学的概念中出现，指的是物质系统在没有发生其他破坏下的最大负荷程度。环境承载力的定义是将承载力理论应用于环境科学研究过程中所衍生出来的，人类为解决污染逐渐加重的现象而使用了许多关于环境方面的定义，包括环境自净力、环境的容量、环境的容载能力以及对环境的承载能力等。而环境承载能力则指在某一时期、某一阶段或环境内，某个区域的环境状况所能受到人类行为影响的阈值。

4. 耦合研究理论

耦合研究源于物理概念，主要是研究两个或多个系统或运动形式之间经过不同作用而产生相互影响的现象。笔者以耦合研究的有关概念作为理论基石，建立了乡村振兴与乡村旅游耦合发展评价指标体系，并测算了每个指标的权重值，对评价指标体系加以分析，为乡村振兴与乡村旅游耦合发展问题提供了理论性意见。

5. 理论分析法

理论分析法是和经验分析法相对应的概念，是在对理论基础的感性认识上按照特定的理论原理研究和剖析研究过程，并利用理性思维把握事情的实质及规律性的一种科学分析方法。

二、指标体系构建原则

科学而完整的评价指标体系是分析乡村振兴与乡村旅游系统耦合协调发展的前提与基础。在评价指标选取时，要考虑各系统影响因子以保证反映二者之间的耦合关系，并将遵循下列原则构建两系统评价指标体系。

1. 目的性原则

紧紧围绕评价目的，选取指标时要注意是否对评价目的起作用，从不同侧面反映出乡村振兴与乡村旅游耦合发展研究目的，根据各自特征选取的指标既要相互独立，又要彼此联系，共同构成一个有机整体，自上而下，从宏观到微观层层深入，形成一个围绕评价目的整体的指标体系。

2. 科学性原则

乡村旅游与乡村振兴是两个内涵丰富、结构严谨的系统，为从整体把握二者之间的耦合关系，评价指标体系的构建必须遵循科学性原则。这就要求我们在选取指标时要尽量避免主观性，选取能够真实反映实际情况的指标。除此之外，要以相关法律政策为依据，以已有的研究成果为理论基础，确保评价指标的选取科学而客观。

3. 全面性原则

评价指标体系的构建不仅要考虑到子系统中所包含的要素，还要考虑各要素之间的关系，从而能全面地反映出目前乡村振兴与乡村旅游发展现状与问题。乡村振兴的过程是经济、政治、生态、组织、文化等各方面振兴的过程，因此评价指标的选取主要从这几方面入手。

乡村旅游系统要从经济效益、旅游环境、旅游管理、发展潜力等方面选取指标。

4. 可操作性原则

遵循可操作性原则，即舍弃难以获取或难以量化的指标，选择易于直接获取或者通过间接计算可用于实际测评的指标，对不易获取的数据采用相似替代方法。同时要根据所选研究案例地的实际情况，做出相应调整。乡村旅游与乡村振兴系统涉及的指标较多，因此要尽量选取能反映相关案例的实际发展情况的可量化指标，如相关地方政府部门的统计指标。

5. 因地制宜原则

基于目前关于乡村旅游与乡村振兴的研究来看，评价指标选取多以省域、市域或县域为主，有的指标并不适用于所有区域，因此，在基于村域尺度的研究过程中，评价指标的选取要遵循因地制宜原则。也就是说，在评价指标的筛选中要充分考虑乡村地区的特殊性，选取能反映乡村实际情况与特点的指标，同时还应考虑其民族特色，尽量包含反映当地民族特性的评价指标。

6. 动静统一原则

乡村旅游发展与乡村振兴系统是不断更新提升的过程，两系统间耦合关系的评定尺度也在不断发生变化，是动静状态的相对统一。指标选取过程中要考虑到某些指标的动态变化，同时也要保证静态性指标的稳定。

由此可知，指标体系是由多个相互联系、相互作用，遵循目的性、代表性、可操作性、科学性等原则构建的有机整体，是研究的前提和基础。

三、乡村振兴与乡村旅游耦合度指标体系构建

因为乡村振兴与乡村旅游的耦合发展是两个不同的系统构成的整体，所以在建立乡村振兴和乡村旅游耦合发展评价指标体系时包含的评价指标体系很多，笔者重点将其概括为两个子系统层：乡村振兴子系统和乡村旅游子系统。

目前，关于乡村振兴与乡村旅游的耦合协调发展研究，研究成果较为丰富，但还未形成公认的、系统的评价指标体系，选取指标的侧重点存在不同。乡村振兴与乡村旅游的耦合系统是关联性强且处于不断变化的系统，因此，对两个系统的耦合协调度进行研究需要对指标进行严格筛选。

乡村振兴系统所涉及的评价指标范围非常宽泛，根据党的十九大明确提出的“产业兴旺、生态宜居、乡风文明、治理有效、生活富裕”的总要求，结合指标数据的可获取性、可操作性原则，评价指标体系包括产业兴旺、乡风文明、生活富裕、生态宜居 4 个方面。乡村旅游系统包括 5 个方面：乡村旅游环境、旅游服务管理部门、旅游基础设施、旅游资源质量和旅游经济效益。

笔者依据对研究课题有关的文献研究成果总结，咨询相关领域的专家，依据《乡村振兴战略规划（2018—2022 年）》《旅游资源分类、调查与评价》（GB/T 18972-2017）等政策标准，对乡村振兴和乡村旅游耦合发展评价指标体系加以设计和构建。本书参考马小琴、聂学东、李志龙、丁华、张琼等学者构建的指标体系及咨询专家学者所构建的关于乡村振兴与乡村旅游耦合研究的评价指标体系，并在对相关

学术文献进行研读的基础上，对已有的耦合评价指标体系的指标进行了补充和完善，构建了乡村振兴与乡村旅游耦合的二级指标体系。其中一级指标系统包括乡村旅游发展系统和乡村振兴系统，共 7 个一级指标，一级指标主要体现乡村旅游发展与乡村振兴耦合的总体水平。其中，乡村旅游系统包括 3 个一级指标：旅游经济效益、旅游资源质量、旅游社会效益；乡村振兴包括 4 个一级指标：产业兴旺、乡风文明、生活富裕、生态宜居。以上 7 项指标构成了二者耦合发展的评价指标。这些一级评价指标涵盖 23 个二级指标。笔者在坚持客观性、科学性、系统性及指导性的原则下，使用文献检索法、分析法对乡村振兴与乡村旅游耦合的二级指标进行筛选和确定，形成了具有两层指标的耦合评价指标体系。最后运用实地调查法，查询相关统计年鉴及资料，对无法获取数据的指标进行再调整，构建了全部可量化的乡村振兴与乡村旅游耦合评价初步指标体系，如表 6–1 所示。

表 6–1　乡村振兴与乡村旅游耦合评价初步指标体系

目标层	系统层	一级指标	二级指标	单位	指标性质
乡村振兴与乡村旅游耦合系统	乡村旅游发展系统	旅游经济效益 X_1	乡村旅游总收入 X_{11}	亿元	正向
			乡村旅游总人次 X_{12}	万人	正向
			人均旅游消费 X_{13}	万元	正向
			旅游收入增长率 X_{14}	%	正向

续表

目标层	系统层	一级指标	二级指标	单位	指标性质
乡村振兴与乡村旅游耦合系统	乡村旅游发展系统	旅游资源质量X_2	A级景区数X_{21}	个	正向
			省级休闲农业旅游示范点个数X_{22}	个	正向
			旅游舒适期X_{23}	月	正向
		旅游社会效益X_3	自然景观满意度X_{31}	%	正向
			人文景观满意度X_{32}	%	正向
			城镇化率X_{33}	%	正向
			城乡收入比X_{34}		正向
	乡村振兴系统	产业兴旺Y_1	农林牧渔总产值Y_{11}	亿元	正向
			农业机械总动力Y_{12}	万千瓦	正向
			乡村就业人数Y_{13}	万人	正向
		乡风文明Y_2	自来水受益村个数Y_{21}	个	正向
			农村用电量Y_{22}	亿千瓦时	正向
			接入有线电视村数量Y_{23}	个	正向
			通宽带村数量Y_{24}	个	正向
		生活富裕Y_3	农村人均可支配收入Y_{31}	万元	正向
			恩格尔系数Y_{32}	%	负向
		生态宜居Y_4	乡镇卫生院数量Y_{41}	个	正向
			乡镇卫生院床位数Y_{42}	张	正向
			农村居民最低生活保障人数Y_{43}	万人	正向

四、评价指标解释

1. 乡村旅游发展系统

（1）旅游经济效益。

旅游经济效益指的是人们在从事旅游经济活动中，投入与有效产出之间的对比关系。本指标包括乡村旅游总收入、乡村旅游总人次、人均旅游消费、旅游收入增长率4个二级指标。

（2）旅游资源质量。

旅游资源质量是进行乡村旅游开发的前提条件，直接制约乡村旅游的发展，其质量也成为乡村旅游地竞争和游客满意度的重要影响因素。该指标包括A级景区数、省级休闲农业旅游示范点个数、旅游舒适期3个二级指标。

（3）旅游社会效益。

旅游社会效益是指旅游者及其活动对旅游地文化、宗教、道德、治安等诸方面的综合影响。旅游社会效益包括正面效益和负面效益两个方面，本书主要考虑正面效益。该指标包括自然景观满意度、人文景观满意度、城镇化率、城乡收入比4个二级指标。

2. 乡村振兴系统

（1）产业兴旺。

产业兴旺是乡村振兴之本。乡村地区需依据当地特有优势，发展能带动本地经济可持续发展、规模化、组织化的有竞争力的产业，形成现代农业生产体系。因此，产业兴旺可用农林牧渔总产值、农业机械总动力、乡村就业人数3个二级指标进行衡量。

（2）乡风文明。

乡风文明建设既是乡村振兴的重要内容，也是乡村振兴的重要推动力量和软件基础。乡村要振兴，加强乡村公共基础设施建设是关键一环。农村基础设施是产业兴旺的“先行资本”，同时也是生态宜居的必要条件。2021 年 1 月 4 日，中共中央、国务院发布了《关于全面推进乡村振兴加快农业农村现代化的意见》，文件中将“农业农村现代化、农业基础设施现代化、农村生活设施便利化、城乡基本公共服务均等化”作为“十四五”期间的重点工作。该指标主要从自来水受益村个数、农村用电量、接入有线电视村数量和通宽带村数量 4 个二级指标来衡量。

（3）生活富裕。

生活富裕是实施乡村振兴战略的根本出发点和最终落脚点，是农村广大群众对美好生活的向往和需求。促进农民收入较快增长、持续提高农民生活水平，是实施乡村振兴战略的根本出发点。该指标包括农村人均可支配收入和恩格尔系数两个二级指标。

（4）生态宜居。

国家持续加大生态保护力度，加强农村基础设施建设，让农村成为安居乐业的美丽家园。社会保障制度是农村社会的“安全网”，给农户带来更可观的外部性，从而缩小农村贫富差距，推动农村社会的繁荣与稳定，顺利实现乡村振兴。该指标选取乡镇卫生院数量、乡镇卫生院床位数、农村居民最低生活保障人数 3 个二级指标进行衡量。

五、数据来源及处理

数据来源分为两部分。

1. 已有数据

选取湛江市2015—2020年的评价指标数据作为测算对象，统计数据来源于历年的《湛江市统计年鉴》《广东省旅游统计年鉴》及相关统计网站。

2. 实际取得数据

通过与湛江市政府相关部分负责人进行电话访谈，获取相关数据，并根据发展公报、统计年鉴等核实资料的真实性与科学性。

2020年与2021年受疫情影响，乡村旅游各项指标较2019年下降幅度较大，以旅游收入为例，2020年湛江市接待旅游总人数为754.39万人次，与2019年相比减少了2091.04万人次，同比下降73.49%。湛江市旅游总收入为147.6亿元，与2019年相比减少了453.62亿元，同比下降75.45%。因此，为剔除特殊情况对数据的影响，采用2015—2019年的数据进行研究，如表6-2所示。

表6-2 湛江市乡村振兴与乡村旅游耦合初始指标体系数据

一级指标	二级指标	单位	2015	2016	2017	2018	2019
旅游经济效益	乡村旅游总收入X_{11}	亿元	108.62	157.28	255.6	281.15	360.74
	乡村旅游总人次X_{12}	万人	1330.8	1702.2	2586.2	2844.8	3613.5
	人均旅游消费X_{13}	万元	0.0816	0.0924	0.0988	0.0988	0.0998
	旅游收入增长率X_{14}	%	29.8	28.85	28.6	21.3	17.6

续表

一级指标	二级指标	单位	2015	2016	2017	2018	2019
旅游资源条件	A级景区数X_{21}	个	12	13	13	15	16
	省级休闲农业旅游示范点个数X_{22}	个	0	1	7	10	13
	旅游舒适期X_{23}	月	12	12	12	12	12
旅游社会效益	自然景观满意度X_{31}	%	47.3	49.7	54.7	62.9	72
	人文景观满意度X_{32}	%	42.1	44.2	48.6	55.9	67.1
	城镇化率X_{33}	%	38.67	39.22	39.72	41.33	42.88
	城乡收入比X_{34}		1.86	1.87	1.87	1.83	1.8
产业兴旺	农林牧渔总产值Y_{11}	亿元	690.9	751.84	788.34	844.72	937.9
	农业机械总动力Y_{12}	万千瓦	459.13	419.42	416.05	421.36	426.94
	乡村就业人数Y_{13}	万人	332.99	333.99	337.38	332.17	324.18
乡风文明	自来水受益村个数Y_{21}	个	1075	1170	1434	1603	1511
	农村用电量Y_{22}	亿千瓦时	19.99	20.69	22.02	22.45	20.56
	接入有线电视村数量Y_{23}	个	1246	1373	1565	1621	1700
	通宽带村数量Y_{24}	个	1533	1594	1784	1749	1901
生活富裕	农村人均可支配收入Y_{31}	万元	1.24	1.33	1.45	1.59	1.73
	恩格尔系数Y_{32}	%	46.4	46.2	46.1	45.4	45.3
生态宜居	乡镇卫生院数量Y_{41}	个	95	95	95	94	94
	乡镇卫生院床位数Y_{42}	张	6842	6868	6992	7260	7298
	农村居民最低生活保障人数Y_{43}	万人	16.94	20.36	23.69	22.19	21.8

六、指标权重

评价指标体系构建后，需要对评价指标的权重进行确定。为确保研究指标权重的客观性，避免人为因素干扰，我们运用熵值法对相关数据进行处理。

（1）计算 j 项指标体系下 i 年评价指标值的比重。

$$x_{ij}={}^{x_{ij}} / \sum_{i=1}^{m} x_{ij}, 0 \leqslant y_{ij} \leqslant 1 \quad (1)$$

（2）确定第 j 项指标的信息熵值。

$$e_j=-k\sum_{i=1}^{m} y_{ij} \times \ln y_{ij}, k={}^{1} / \ln m, 0 \leqslant e_j \leqslant 1 \quad (2)$$

（3）消除所选指标中的干扰因素，计算熵冗余值。

$$d_j=1-e_j \quad (3)$$

（4）计算 j 项指标的权重。

$$W_j={}^{d_j} / \sum_{i=1}^{n} d_j \quad (4)$$

（5）对单项指标进行评价。

$$S_{ij}=W_j \times X_{ij} \quad (5)$$

（6）计算第 i 年的总体发展水平。

$$S_i=\sum_{i=1}^{n} S_{ij} \quad (6)$$

第二节　乡村振兴与乡村旅游发展耦合度系统构建

一、功效函数

设 U_i（i=1，2，…，m）是乡村振兴与乡村旅游发展耦合协调系统参量，U_{ij} 代表第 i 个序参量的第 j 个指标，其值为 X_{ij}（j=1，2，…，n）。α_{ij}、β_{ij} 是乡村振兴与乡村旅游发展耦合系统稳定协调时参量的取值上下限，两大系统稳定协调发展时的功效函数由公式（7）表示。

$$U_{ij}=\begin{cases}(X_{ij}-\beta_{ij})\Big/(\alpha_{ij}-\beta_{ij}) & U_{ij}\text{ 具有正功效}\\(\alpha_{ij}-X_{ij})\Big/(\alpha_{ij}-\beta_{ij}) & U_{ij}\text{ 具有负功效}\end{cases} \tag{7}$$

其中，U_{ij} 反映了变量 X_{ij} 在乡村振兴与乡村旅游耦合系统中所体现出来的功效贡献大小，U_{ij} 越接近于 0 表示功效贡献越小，越接近于 1 表示功效贡献越大。鉴于乡村振兴系统和乡村旅游系统是两个相互作用且各有特点的子系统，我们在计算各个参量的贡献值时运用了线性加权法，如公式（8）所示。

$$U_i=\sum_{i=1}^{m}(\lambda_{ij}\times U_{ij}) \tag{8}$$

其中，U_i 为耦合系统第 i 年的综合评价值，λ_{ij} 为各个评价指标的权重，$\sum_{i=1}^{m}=1$。

二、耦合模型

参照物理学中容量耦合系数模型，乡村旅游与乡村振兴两个子系统的耦合度计算公式如下。

$$C=[(U_1-U_2)/(U_1+U_2)^2]^{1/2} \tag{9}$$

其中，C 为耦合度，C 介于 0、1 之间。当 $C=0$ 时，乡村振兴与乡村旅游的耦合度最小，说明这二者之间不存在耦合关系；当 $C=1$ 时，两者之间的耦合度最大，说明两者之间呈现良性的耦合发展趋势。我们结合对耦合阶段的已有研究，对乡村振兴和乡村旅游的耦合度进行划分，如表 6–3 所示。

表 6–3　乡村振兴与乡村旅游耦合阶段划分

C取值范围	二者关系	发展阶段
$0 \leqslant C \leqslant 0.35$	耦合度较低	乡村振兴和乡村旅游没有协同发展
$0.35 < C \leqslant 0.7$	耦合度中等	二者发展的成果凸显，两大系统都处在快速发展阶段
$0.7 < C \leqslant 1$	耦合度较高	乡村振兴有效地推进乡村旅游发展，为其提供了基础平台，同时乡村旅游的发展为乡村振兴注入了新的活力，二者之间能相互促进，从而协调发展

三、耦合协调度模型

在评价两大系统耦合程度时，耦合度发挥了不可替代的作用。但乡村振兴与乡村旅游的特点、发展效率以及发展速度又各具特殊性，仅用耦合度来判断乡村振兴与乡村旅游的协同性，出现错误的概率较大。当两者处于低水平时，它们之间的耦合度比较高，这说明只运用耦合度这一评价指标很难将两大系统的协同程度与发展阶段真正地反映出来。

相比较耦合度，耦合协调度更能反映出湛江市乡村旅游与乡村振兴之间的相互作用和相互影响程度。与耦合度类似，耦合协调度的值也是小于等于 1，数值的大小与乡村振兴和乡村旅游协调发展效果成正比。国内学者还是按照耦合度评价标准将其划分为 10 个等级，本书简化为 3 个层次：初级协调阶段、中级协调阶段、高级协调阶段。

结合湛江市实际情况构建耦合模型评价两大系统相互作用的协调程度，耦合协调度如公式（10）所示。

$$U_{ij}=\begin{cases} F=a\times U_1+b\times U_2 \\ D=\sqrt{C\times F} \end{cases} \tag{10}$$

其中，D 代表乡村振兴和乡村旅游二者的耦合协调度，C 代表耦合度，F 代表乡村振兴与乡村旅游两大系统的发展指数，a、b 为常数，均取值为 0.5。借鉴以往实证分析结果，我们将以三个阶段来说明乡村振兴与乡村旅游耦合协调变化情况，如表 6–4 所示。

表 6–4 乡村振兴与乡村旅游耦合协调度分析

D取值范围	二者关系	发展阶段
$0 \leqslant D \leqslant 0.3$	初级协调阶段	乡村振兴和乡村旅游处于较低发展水平
$0.3 < D \leqslant 0.65$	中级协调阶段	乡村振兴和乡村旅游二者发展水平逐渐显现出来
$0.65 < D \leqslant 1$	高级协调阶段	两大系统协调程度较高，二者在发展进程中处于相互协调和相互推进的状态

$0 \leqslant D \leqslant 0.3$，表明湛江市乡村振兴和乡村旅游存在一方迅猛发展、一方严重滞后的状况，两大系统都处在初级发展水平，几乎没有相互支持和相互作用。

$0.3 < D \leqslant 0.65$，表明湛江市乡村振兴和乡村旅游进入良性发展阶段，二者在很多方面存在互补，产业内部要素之间相互影响和相互支持。

$0.65 < D \leqslant 1$，表明湛江市的乡村振兴和乡村旅游都得到了大力发展，二者无论在质量上和数量上都实现了共同发展，存在很深程度的关联，而且相互推动，处于良性耦合阶段。

第三节 湛江市乡村振兴与乡村旅游耦合度评价

一、湛江市乡村振兴与乡村旅游耦合协调度计算

根据公式（1）~（7），对湛江市乡村振兴与乡村旅游发展中各项

指标的功效系数和权重值进行计算，结果如表 6–5 所示。

表 6–5　湛江市乡村振兴与乡村旅游发展各指标及其权重值

指标体系	功效系数					权重值
	2015	2016	2017	2018	2019	
乡村旅游总收入X_{11}	0.28	0.41	0.66	0.72	0.93	0.1058
乡村旅游总人次X_{12}	0.33	0.42	0.64	0.71	0.90	0.0985
人均旅游消费X_{13}	0.0816	0.0924	0.0988	0.0988	0.0998	0.0887
旅游收入增长率X_{14}	29.8	28.85	28.6	21.3	17.6	0.0925
A级景区数X_{21}	12	13	13	15	16	0.1935
省级休闲农业旅游示范点个数 X_{22}	0	1	7	10	13	0.0628
旅游舒适期X_{23}	0.60	0.60	0.60	0.60	0.60	0.0536
自然景观满意度 X_{31}	0.50	0.52	0.57	0.66	0.75	0.0694
人文景观满意度 X_{32}	0.49	0.51	0.57	0.65	0.78	0.0745
城镇化率X_{33}	38.67	39.22	39.72	41.33	42.88	0.0347
城乡收入比X_{34}	1.86	1.87	1.87	1.83	1.8	0.0436
农林牧渔总产值 Y_{11}	0.52	0.56	0.59	0.63	0.70	0.0414
农业机械总动力 Y_{12}	0.60	0.61	0.61	0.59	0.59	0.0288
乡村就业人数 Y_{13}	0.60	0.60	0.61	0.60	0.59	0.0314
自来水受益村个数 Y_{21}	0.47	0.52	0.63	0.71	0.67	0.0336
农村用电量 Y_{22}	0.57	0.59	0.62	0.64	0.58	0.0328
接入有线电视村数量 Y_{23}	0.50	0.55	0.63	0.65	0.68	0.0334
通宽带村数量 Y_{24}	0.54	0.56	0.63	0.61	0.67	0.0381
农村人均可支配收入Y_{31}	0.51	0.54	0.59	0.65	0.71	0.0397
恩格尔系数 Y_{32}	0.29	0.60	0.60	0.59	0.59	0.0353

续表

指标体系	功效系数					权重值
	2015	2016	2017	2018	2019	
乡镇卫生院数量 Y_{41}	0.60	0.60	0.60	0.60	0.60	0.0297
乡镇卫生院床位数 Y_{42}	0.58	0.58	0.59	0.62	0.62	0.0312
农村居民最低生活保障人数 Y_{43}	16.94	20.36	23.69	22.19	21.8	0.0282

由公式（8）~（10）计算出乡村振兴子系统参量 U_1，乡村旅游子系统参量 U_2，以及乡村振兴与乡村旅游两大系统的耦合度 C、乡村振兴与乡村旅游两大系统的发展指数 F、乡村振兴和乡村旅游二者的耦合协调度 D，结果如表 6-6 所示。

表 6-6　乡村振兴与乡村旅游耦合度和协调度

指标体系	功效系数				
	2015	2016	2017	2018	2019
乡村振兴子系统参量 U_1	0.165	0.210	0.378	0.460	0.523
乡村旅游子系统参量 U_2	0.215	0.232	0.246	0.253	0.258
乡村振兴与乡村旅游两大系统的耦合度 C	0.504	0.501	0.511	0.522	0.530
乡村振兴与乡村旅游两大系统的发展指数 F	0.190	0.221	0.312	0.356	0.390
乡村振兴和乡村旅游二者的耦合协调度 D	0.310	0.333	0.399	0.431	0.455

采用以上的计算方法和过程，计算得 2015 年耦合度 C 为 0.504，耦合协调度 D 为 0.310；2016 年耦合度 C 为 0.501，耦合协调度 D 为

0.333；2017 年耦合度 C 为 0.511，耦合协调度 D 为 0.399；2018 年耦合度 C 为 0.522，耦合协调度 D 为 0.431；2019 年耦合度 C 为 0.530，耦合协调度 D 为 0.455。二者的耦合度和耦合协调度变化趋势，如图 6-1 所示。

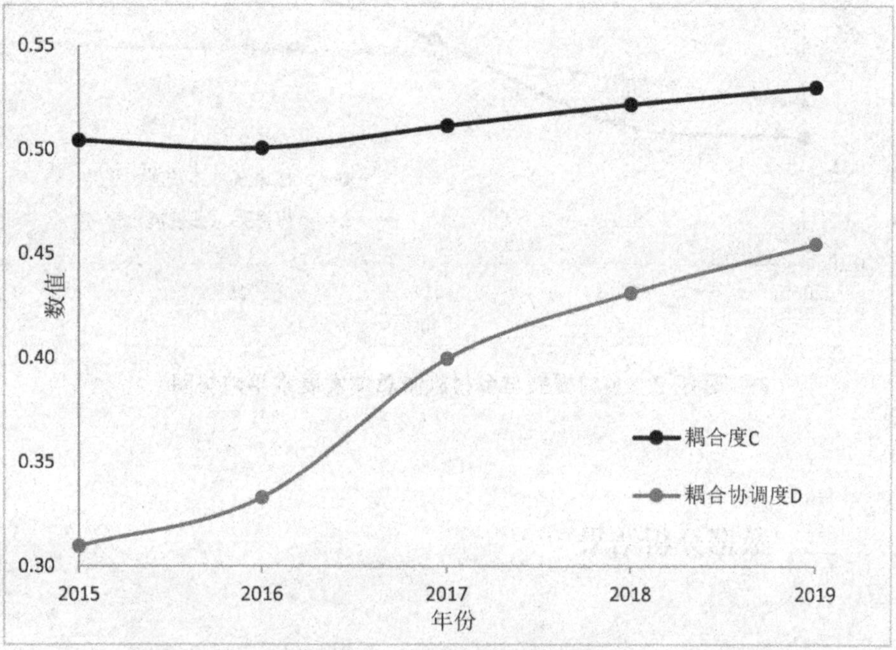

图 6-1　乡村振兴与乡村旅游耦合度及耦合协调度变化趋势

由图 6-1 可知，2015—2019 年，湛江市乡村振兴和乡村旅游发展的密切程度越来越大，两大系统耦合发展平稳，处于中级耦合水平。近三年，两大系统的耦合度及耦合协调程度呈稳定增长趋势，说明湛江市乡村振兴与乡村旅游建设取得了较好成效。同时，对乡村振兴总体发展水平和乡村旅游总体发展水平也进行了分析对比，如图 6-2 所示，可以看到乡村振兴总体发展水平略有提高，而乡村旅游总体发展水平提高很快，乡村振兴与乡村旅游发展速度存在一定的不协调。

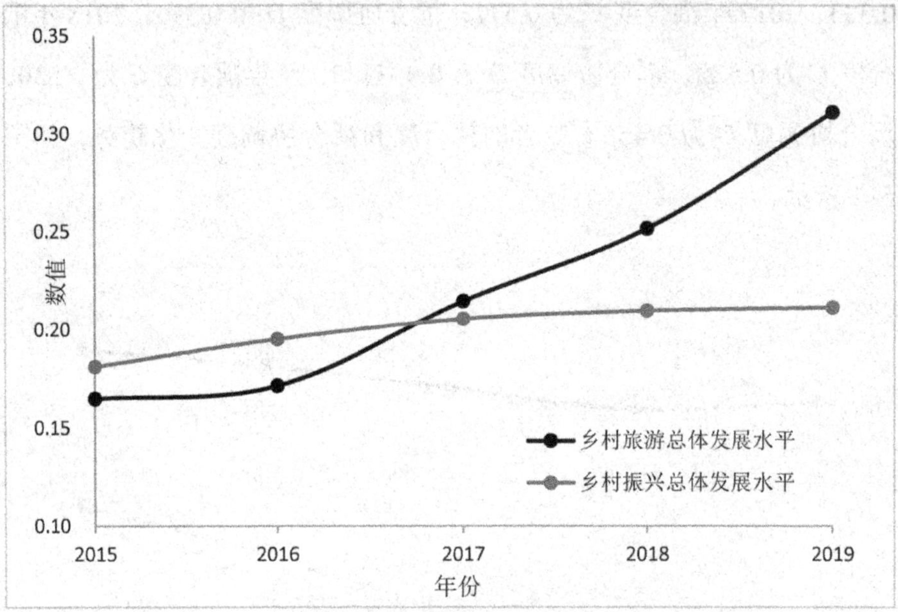

图 6–2 乡村振兴与乡村旅游总体发展水平趋势图

二、数据分析结果

通过分析湛江市乡村振兴与乡村旅游的耦合度及耦合协调度，可以得出以下结论。

2017 年之前，湛江市的乡村旅游和乡村振兴整体发展速度较为缓慢，两大系统耦合度较低。2017 年 6 月，农业部办公厅印发《关于推动落实休闲农业和乡村旅游发展政策的通知》，2017 年 7 月，国家发展改革委出台《促进乡村旅游发展提质升级行动方案（2017 年）》，之后湛江市出台多项政策，着力建设广东全域旅游示范区。乡村旅游成为乡村振兴战略的重要抓手，同时也成为 2018 年湛江旅游的建设重点。市旅游局启动乡村旅游规划和乡村旅游资源普查，对全市所有乡村进行分类梳理规划，将重点建立 3～5 个乡村旅游示范点，结合美丽乡村建设和乡村振兴战略，可持续地带动乡村旅游建设。

2018 年，湛江市发布《湛江市乡村振兴战略实施方案（2018—2020 年）》。方案明确了今后三年湛江市乡村振兴的指导思想、总体目标、任务安排、责任分工，提出了打造“五个新农村”和实施“七大行动”，并列出了任务清单，把相关重点任务细分成 93 个具体项目。

从数据分析结果来看，在乡村振兴和乡村旅游发展的过程中，2017 年以后，乡村旅游的发展增速超过乡村振兴，因此，从两大系统的耦合度上来看，出现了不协调的现象，乡村振兴的发展速度无法满足乡村旅游发展的需要，乡村旅游的“一业兴，百业旺”的关联带动效应没有较好地发挥出来。

第七章　湛江市乡村振兴与乡村旅游耦合发展案例分析

第一节　徐闻县概况介绍

徐闻县隶属于广东省湛江市，位于中国大陆最南端，南临琼州海峡，与海南岛隔海相望，东滨南海，西濒北部湾，北与雷州市接壤。截至 2018 年，徐闻县下辖 1 个街道、12 个镇、2 个乡。徐闻县是闻名全国的汉代海上丝绸之路的始发港。当地民俗、民居和方言都具有鲜明的“雷州文化”特色。是最具代表性的“雷州文化”城市之一，徐闻县城历来都是雷州半岛南部经济贸易的繁华集市，是通向海南岛必经之路，是雷州半岛政治、经济、文化、交通的重要中心。

1926 年，南洋归来的徐闻人倪国良在曲界镇愚公楼村栽下第一棵菠萝，从此，菠萝种植在曲界镇大范围推广。愚公楼产出的菠萝肉质较密、果汁特多、香味浓厚、清甜可口，深受群众喜爱，很快就传播开来，种植范围很快从愚公楼向全镇、全县乃至雷州半岛、海南、北海等地扩展。如图 7-1、7-2 所示，为徐闻县近几年来的菠萝产量、种植面积及其产值。

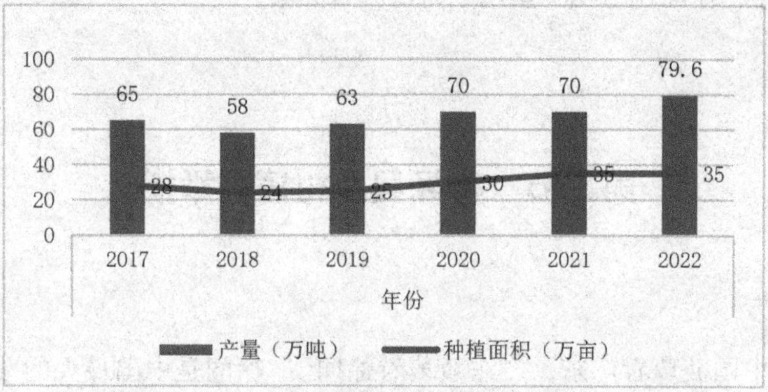

图 7-1　2017—2022 年徐闻县菠萝产量和种植面积

（数据来源：徐闻县相关统计部门）

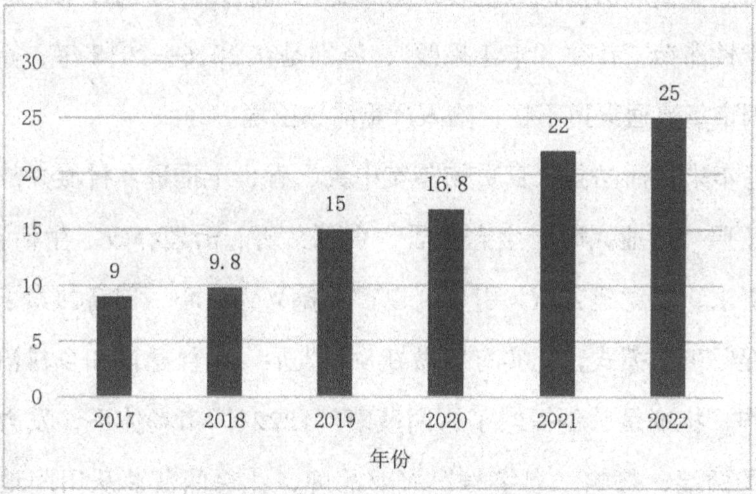

图 7-2　2017—2022 年徐闻县菠萝产值

（数据来源：徐闻县相关统计部门）

2021 年，徐闻县委被评为“广东省乡村振兴先进集体”，曲界镇被评为全国“一村一品”示范村镇、全国乡村特色产业十亿元镇和广东省特色产业示范镇，愚公楼村被评为全国乡村特色产业亿元村。2022 年，徐闻还上榜“全国乡村振兴百强县”。

第二节　徐闻县乡村振兴举措

“中国菠萝看广东，广东菠萝看徐闻。”徐闻是中国最大的菠萝产地，被誉为“菠萝的海”。这里的菠萝种植面积达 35 万亩，常年产量约 70 万吨，面积及产量超过全国的 1/3。中国每 3 个菠萝，就有 1 个产自徐闻。徐闻菠萝的产业发展曾遭遇市场瓶颈。长期以来，徐闻菠萝经常性滞销，往往“丰年果贱”，特别是在 2016—2018 年，徐闻菠萝曾因市场流通渠道不畅，陷入严重滞销困境。

近年来，徐闻县认真贯彻落实中央、省、市推进乡村振兴战略部署，按照“产业兴旺、生态宜居、乡风文明、治理有效、生活富裕”的总要求，以党建创新为引领、以产业振兴为核心，创新探索了“四抓四促”工作模式，扎实有序做好乡村发展、乡村建设和乡村治理重点工作，特别是首创探索了徐闻菠萝“12221”市场体系，发力生产和市场两端，打响“粤字号”农业品牌，让徐闻菠萝从田间地头的“甜蜜果”，变成千家万户的“致富果”、广袤乡村的“振兴果”，形成了特色产业发展推动品种改良、实现品牌打造、促进农民增收、引领乡村振兴的良性互动机制。

一、“12221”模式建设产业流通体系

在省、市农业农村部门指导下，2018年徐闻县政府出台了《徐闻县菠萝产业发展三年行动计划》，致力于种植、加工、流通、产业融合、产学研等全产业链全面提升。从2019年开始，广东省农业农村厅就为徐闻菠萝品牌建设市场营销工作，成立“12221”专项工作组，与徐闻县委、县政府共同打造徐闻菠萝“12221”可复制可推广模式，并已取得阶段性成效。

（一）第一个“1”：大数据

2018年，徐闻菠萝滞销后，徐闻县委托一亩田公司研发“菠萝供销大数据”软件。该公司深入全国各大批发市场采集菠萝的市场价格信息，县政府组织配合该公司深入各村各户，采集菠萝生产供给信息，及时反映全国菠萝主产区县菠萝价格行情、供应情况，销区销售情况、价格、采购商指数等，让政府部门、供应商、采购商及时宏观地了解徐闻菠萝的市场行情走势，以大数据指导生产引领销售。

自2019年2月1日起，一亩田公司深入全国各大批发市场采集徐闻菠萝的市场价格信息，及时反映全国菠萝主产区县菠萝每周受到全国采购商的关注度和徐闻县菠萝产地价格行情，以大数据指导生产引领销售提供量化判断依据。从宏观的产销趋势、采购热度到微观的每日行情，大数据为徐闻菠萝建立了产地与市场之间的链接，成为从种植到销售全产业链的风向标。目前，徐闻菠萝采购商指数软件已开发并实时应用，采购商联盟和采购商助理两支队伍的建设已见雏形，

持续在华东、华南、西北等一线城市举行系列产销对接活动，不断拓展销区市场，新建两个菠萝电商产业园，不断拓展线上交易。

为了更加方便从业者了解大数据，2021 年一亩田公司全新推出数据“小屏”：菠萝大数据手机版，经营者每天都可以随时打开手机查看各个市场的行情、价格、未来趋势走向，让每一位徐闻农户都能感受到大数据给生活和生意带来的变化。农户可通过手机 App 轻松获取菠萝供销大数据，例如全国菠萝主产区前 10 名县区的价格行情、主要销售区各大市场的价格走势等采购商指数和菠萝采购价格指数等，使政府部门了解产销情况、农户掌握市场信息、采购商对接和组织供需市场，从而带动整个菠萝市场体系良性发展

2022 年 2 月，作为“12221”体系中最重要的大数据部分，不断根据果农需求连续多年升级完善，直升为国际菠萝大数据平台，以大数据开拓市场。

（二）第一个“2”：两支队伍

即组织销区采购商队伍、培养产区经纪人队伍。

在广东省政府部门指导下，2018 年，一亩田公司全力参与筹建广东农产品采购商联盟，并持续带领采购商走进徐闻产地。北京新发地、新疆九鼎、郑州万邦、上海江桥等，全国各地批发市场采购商中开始出现徐闻的身影。

在此基础上，县镇村推出优质供应商（种植户），向 200 多名产地经纪人开展培训工作，通过现场销售渠道讲解、采购商采购标准分享等，培养产地经纪人市场意识，成立徐闻菠萝销售联盟，组织广大采购商进行对接。分散在徐闻各菠萝乡镇的 200 多名产地经纪人，经

过专业培训后，树立了产地经纪人市场意识，并且掌握各地菠萝的品质、产量、品种、联系人等信息，成为采购商与种植户的“桥梁”。

与此同时，徐闻县以市场为导向，组织全国各地超过13个省（市）300人的采购队伍，成立了采购商联盟，涵盖中国邮政、盒马鲜生、凤凰优选、上海佳农食品、北京新发地、佛山华南（国际）水果副食城、上海易贸、丰诚上品等全国知名采购单位。采购商队伍和产区经纪人两支队伍已初具规模。采购商结构从小批量、低端采购为主向大宗、中高端采购引入发展，带动了高品质菠萝的销售，推动菠萝品种结构调整。

（三）第二个“2”：两个市场

即拓展销区市场、完善产区市场。

通过组织“引进来、走出去”活动，将优质采购商带到徐闻，加强其对徐闻菠萝的品质认知度和品牌认可度。在传统销售模式中，产地种植户专注生产，对市场的诸多问题不甚了解，哪个市场需要什么规格的货品？当地市场规则什么样？产销信息脱节成为菠萝产业发展的“瓶颈”。从2018年10月开始，徐闻县政府组织产区乡镇会同一亩田公司，对2019年菠萝供应情况进行地毯式普查，具体到哪个镇哪个村哪个队生产什么品种，哪个时间上市，联系人、联系方式，并将供给方的信息及时传递给供求市场。

徐闻县于2018年7月、2019年1月和3月分别组织菠萝高质量发展研讨会、一村一品推介会、产销对接大会等，推动徐闻菠萝走入一线城市核心消费市场。2019年3月13日，徐闻菠萝产销对接大会把优秀采购商请进来，达成购销签约9.2万吨。产销对接大会后，在省农业农村厅的指导下，县领导继续带领销售团队分赴上海和杭州、广州等大中城市开展品鉴和体验活动，启动“徐闻菠萝进社区”体验活动，此项活动已在广州合生骏景花园和珠江帝景紫龙府开展，系统活动计划还包括北京、重庆、石家庄、西安、郑州等地，有效推动产地供应商与全国采购商互通信息，实现徐闻菠萝与市场无缝对接。

徐闻县进一步加强销区市场主要销售渠道的开发，积极在全国主要一级批发市场逐步建立徐闻菠萝专营档口，与此同时，产区市场也在升级完善，根据不同渠道采购需求，扶持产地市场主体通过产品分级、品控、包装、物流等体系建设，做好采购服务。由一亩田公司开发的代卖业务覆盖了全国 20 多个批发市场，业务员超过 40 人，为产地货主提供代销服务。产地货主可根据各大市场行情数据，自主选择发车市场，由代卖人员帮助进行销售，销售过程可实时监督，售后快速结款。2019 年 3 月，徐闻建成中国菠萝直销基地、徐闻邮政菠萝电商产业园，“徐闻县服务三农配送中心”线上市场刚起步，销量就占一成多。

2021 年，徐闻菠萝出口至俄罗斯、日本、吉尔吉斯斯坦等国家约 530 吨，货值 440 万元，同比增长 76.4%，并实现徐闻菠萝出口跨境电商“零突破”。2022 年 1 月，在徐闻获授国家级“RCEP 菠萝国际交易中心”金字招牌后不久，首批徐闻菠萝出口新加坡。2022 年 3 月 10 日，RCEP 菠萝国际交易中心在徐闻正式揭牌。随着 RCEP 的开放，徐闻菠萝果品未来将会走向更大的国外市场。

（四）第三个“2”：两场活动

即采购商走进徐闻、徐闻菠萝走进大市场。

为了让徐闻菠萝品牌更响、走得更远，从省到县各级农业部门绞尽脑汁，千方百计让徐闻菠萝在全国各销售地多“露脸”、拓销路。2022 年 2 月 12 日，在徐闻菠萝即将上市之际，徐闻县委书记、县长向全球的采购商发出了一封邀请信，受到社会的广泛关注和响应。自邀请信发出以来，许多采购商积极应邀，目前，吸引了来自广东、山东、湖南、香港以及印度、新加坡等国内外共计 100 多名采购商的咨询。3 月 13 日，徐闻召开菠萝产销对接大会，超过 300 名优质采购商从全国各地来到菠萝之乡亲身感受后，对徐闻菠萝信心倍增，当天的签约采购量更是高达 9.2 万吨。

经过一系列“引进来、走出去”活动，徐闻菠萝名声大噪，优质菠萝品种供不应求，时有断货。这些优质采购商们走进徐闻，可使他们深入了解徐闻菠萝市场和生产基地的情况，让徐闻菠萝种植户、加工企业与采购商们近距离、全方位、高效率地进行产销对接，打破信息壁垒，积极促成合作交易，实现徐闻菠萝销售升级。

2022 年，受疫情影响，徐闻县转变思路，积极探索线上销售菠萝，依托广东农产品“保供稳价安心”数字平台，以大数据精确对接供需信息，供货商在平台会客室与采购商在线交流，实现对接供货，取得了不俗的交易量。同时，徐闻县县长、副县长等先后前往曲界镇菠萝基地，化身主播直播带货，总围观人数超过百万，有效助推了徐闻县特别是曲界镇的菠萝销售。

2022 年 3 月 10 日，广东“菠萝的海”百名网红千名主播田头直播开锣暨全球采购商大会在徐闻 RCEP 菠萝国际交易中心正式启动。徐闻菠萝品牌营销团队还在营销上进行了创新，与同样来自湛江的著名企业——广东壹号食品股份有限公司（壹号土猪腊肠）联动，设计了“徐闻菠萝 + 壹号土猪腊肠”盲盒。在 3 月 10 日—3 月 15 日期间，消费者购买徐闻巴厘菠萝、徐闻金钻凤梨任意一份产品，即有机会在菠萝盲盒内“喜提”壹号土猪腊肠一份。

（五）第二个“1”：实现一揽子目标

即实现销量提升、市场引导、品种改良、农民致富。

徐闻正积极推进菠萝产业实现销量提升、市场引导、品种改良、农民致富等一揽子目标。各职能部门、协会成员和老农人积极转变发展观念，向现代化农业进军，实现从“以销促产”向“以产待销”的转变。以徐闻县农业技术推广中心为主体，徐闻还申报注册了“徐闻菠萝”区域性品牌，着手制定品牌的宣传推介、统一使用、授权经营和品牌保护等工作方案。今后，只有按规范标准种植并达到质量标准的菠萝，才允许贴上“徐闻菠萝”区域品牌标识，以维护、打响“徐闻菠萝”的品牌含金量和知名度。

从 2019 年至今，经过三年实践，“12221”托举起一组数字：徐闻菠萝的平均田头出售价，2018 年为 0.5 元 / 千克、2019 年为 2.4 元 / 千克、2020 年为 3 元 / 千克。以徐闻菠萝常年 70 万吨的产量计算，2018 年产值 3.5 亿元、2019 年产值 16.8 亿元、2020 年产值 21 亿元、2021 年产值 22 亿元。

2021 年菠萝田头收购均价达到了 5 元 / 千克，最高 6 元 / 千克，创近年来收购价之最。菠萝丰产又丰收，菠萝工钱也水涨船高，从 2020 年一天 120 元升到了 2021 年的一天 300 多元，收摘工人收入大幅度提高。

2022 年徐闻菠萝产量和销量再创新高，年产量预计 79.6 万吨，产值约 25 亿元。截至 6 月 1 日，已售约 76 万吨，占年产量的 95%，“甜蜜果”摇身一变，成了“致富果”“振兴果”。

在省农业农村厅专家撰写的《徐闻菠萝市场体系建设调研报告》中，对徐闻县实施的“12221”行动进行了总结。徐闻县以产销对接为目的，配以有效宣传推广，形成“政府主导把控品质 + 媒体正能量宣传 + 意向采购商持续考察并采购”对接的配合机制。通过产销对接活动，集合品牌推广、商务洽谈、贸易促成为一体，把整个菠萝销售推向了高潮。

二、打造菠萝人才智库

为推动徐闻菠萝高质量发展，在广东省农业农村厅等部门的指导支持下，徐闻以“大培训、大擂台、大卖场”三个关键词树立农产品营销新旗杆，持续把“徐闻菠萝”推向世界。依托“短视频 + 直播”电商营销方式，邀请全国百名网络直播高手，到徐闻“菠萝的海”举办别开生面的田园大学堂，通过师傅带徒弟、网红教果农直播带货，培养一手拿锄头、一手用手机，既会种菠萝、又会卖菠萝的“双栖新农民”。之后，由“一师十徒”组成百支“菠萝的海”直播营销战队，在“菠萝的海”举办百队菠萝直播营销大擂台，“农技轻骑兵”同步开展菠萝种植技术田间课堂。通过培训与直播营销擂台赛，将生产销售融为一体，让徐闻“菠萝的海”插上互联网翅膀，成为没有围墙的大卖场。

2022 年 1 月 14 日，“菠萝公社”乡村振兴人才驿站揭牌启用，这是全国首家以菠萝为主题打造的乡村振兴人才驿站，为推动菠萝产业新发展夯实人才基础。2月16日，徐闻对接菠萝采购商交流沙龙活动在“菠萝公社”乡村振兴人才驿站举行，这是徐闻菠萝产业发展与人才工作融合的又一次新突破，致力打造一个RCEP菠萝人才智库，以人才振兴反哺乡村振兴，推动菠萝产业新发展，为乡村振兴助力。

2022年3月，在“菠萝的海”成功举办“千人培训”“千人直播”数字营销活动，积极创建“中国直播第一县”。

三、打造区域公共品牌

徐闻县围绕打好产业、市场、科技、文化“四张牌”，加快建设了“菠萝食品化工程”“RCEP国际采购交易中心”，大力推进“种业太空改良行动”“讲好菠萝文化故事”，以此为创新切入点，抓好基地促品控，积极打造区域公共品牌。在原国家地理标志产品“愚公楼菠萝”基础上申报国家地理标志产品“徐闻菠萝”，打造了“红土金菠”等知名品牌。

2021年4月，“英雄武汉、温厚徐闻——行走的广东徐闻菠萝节”在武汉光谷广场举行。活动现场发布了徐闻菠萝区域公用品牌标志，赋予了徐闻菠萝新的文化内涵和品牌价值，标志着徐闻菠萝品牌化打响。

为了进一步壮大徐闻菠萝产业，擦亮“徐闻菠萝”区域公用品牌和“地理标志保护产品”两块金字招牌，2021年7月，徐闻县人民政府委托广东省价格和产业品牌发展协会编制的《“徐闻菠萝”区域公用品牌战略规划》（以下简称《规划》）项目通过专家评审，项目通过验收。“菠萝的海，香飘四海”正式成为“徐闻菠萝”品牌主宣传语，品牌标识同时产生，徐闻菠萝产业进入品牌发展新阶段。

《规划》提出了徐闻菠萝区域公用品牌建设的总体目标及分阶段目标，提出要将徐闻菠萝打造成具有鲜明地域特色的公用品牌，构建现代农产品品牌价值体系，推动菠萝产业链向下游延伸、价值链向中高端攀升，提升示范引领功能，带动徐闻特色农产品产业带和产业集群发展，从而真正实现菠萝产业的规模化、产业化、科技化、标准化、品牌化、国际化发展。

品牌是产品"长红"的关键。徐闻大力推进菠萝质量标准工程、品种优化工程、防伪溯源工程、菠萝交易中心工程、历史文化挖掘工程、农旅融合工程、品牌整合传播工程等十大工程，继续擦亮"徐闻菠萝国家现代农业产业园"牌子。重点抓好菠萝"新品种、新技术、新装备、新模式、新营销、新农人"的"六新"种植示范基地，通过标准化种植推动菠萝品质管控提升。实施农产品质量安全保障工程，加强菠萝溯源体系建设，积极打造区域公共品牌，提高徐闻菠萝的认可度和美誉度，不断提升品牌竞争力，推动徐闻菠萝产业发展壮大。

四、大力推进产业链延伸提质

徐闻抢抓 RCEP 机遇，推动徐闻菠萝"12221"市场体系 2.0 升级版建设，在产业链延伸提质上持续发力，打造具有世界影响力和竞争力的菠萝产业带。出台《促进菠萝加工业发展的十条措施》，该措施是近年来徐闻县扶持产业发展力度最大的举措之一，对在徐闻县内设立的菠萝加工企业，将从用地厂房、设备装备、产品出口等十个方面给予扶持和奖励，单项扶持金达百万元。"十条措施"的落地不断吸引菠萝深加工企业落地，全力扶持发展基础好、辐射带动作用大、市场竞争力强的龙头企业，提升菠萝初级和精深加工能力水平，推动产业链延伸提质，实现农业产业结构优化；扩大特色菠萝加工产品研制，把鲜果转化成更容易储存、运输、附加值更高的加工产品，从原先单一的“罐头”拓展到菠萝汁、菠萝干品系列、菠萝果酱、菠萝蛋白酶、菠萝酒等系列产品，增加了农户和中间商的利润空间。

聚力发展鲜切小菠萝，在全国率先发布鲜切菠萝团体标准，为鲜切菠萝的生产加工和质量管理提供了行业标准规范；大力发展菠萝预制菜，与国内餐饮企业联合发布和推广徐闻菠萝新菜式，积极建设预制菜产业园。以预制菜为切入口，徐闻菠萝发力加工产业，加快推进菠萝食品化进程，推出菠萝烤鱼、菠萝虾仁等菠萝预制菜产品，打造徐闻菠萝预制菜体系，推动徐闻菠萝价值再提升。“网红果”徐闻菠萝以鲜切小菠萝、菠萝预制菜成为市场“香饽饽”，推动徐闻菠萝产业发展迈入新赛道。

第三节 徐闻县乡村旅游发展现状

一、“一个中心两个区域”推进乡村旅游发展

近年来，徐闻大力推进“大文旅”开发，推动农文旅融合发展，努力打造经济发力新增长点。立足该县丰沃的农业资源、丰富的红色资源和丰厚的古法制盐等文化资源优势，坚持以文促旅、以旅彰文，

推动农文旅深度融合发展，加大精准招商力度，加大旅游衍生产品开发，大力推进全域旅游发展。抓好景区创A升级工作，继续推进南极村、“菠萝的海”、白沙湾、大汉三墩和贵生书院等项目建设，系统宣传营销徐闻城市品牌。加快完善旅游配套服务设施，推出一批“一程多站、优势互补”旅游精品线路，打造具有徐闻特色的“大文旅”品牌。

徐闻致力将南极村打造成世界级高水准滨海文旅主题度假目的地、华南地区珊瑚礁可研高端会议培训基地、三大湾区生态智慧康养休闲旅游目的地、湛江全域旅游融合发展示范区、徐闻农业观光及特色体验田园乡村。同时，以产业为核心，从“空间营造、生态保护、旅游发展、乡村振兴、土地整合”出发，将南极村打造成集主题公园、会议培训、康体康养、乡村振兴与田园综合体于一体的国家级滨海文旅度假区，彰显湛江旅游新名片。徐闻县以项目为引导，推动地域联动，通过多年持续开发建设，先后建成了“菠萝的海”旅游区，大汉三墩文化旅游区、中国大陆最南端旅游区、白沙湾休闲度假区等景点。

目前徐闻的旅游行业基本形成了“一个中心、两个区域”的旅游格局。一个中心，即以县城依托大港口、铁路、高速等基础设施，形成一个游客集散中心。两个区域，一个是东部区域，以“菠萝的海”农业观光旅游，形成品牌效益；另一个是西部区域，在南极村形成游客体验、休闲、度假旅游区。

二、特色民宿彰显热带滨海风情

乡村民宿作为集住宿餐饮、旅游观光、户外拓展等于一体的农文旅综合体，更是美丽乡村转化为“美丽经济”的主动力。近年来，徐闻相继建成了一批以民俗风情为特点的特色民宿，其中以入选广东首批十大最美民宿的角尾乡南极村最为出名。南极村的珊瑚屋、茅草屋、灯塔房等，船木凿椅，贝壳刻珠，珊瑚砌墙，渔网竹篓点缀，海风徐徐，渔歌唱晚，别出心裁的设计和装饰，把渔家风情和文化艺术元素融为一体，令游客心驰神往。

南极村古有“极南”“尽南”之称，是名副其实的大陆之“角”、神州之“尾”，拥有南海与北部湾的合水线、中国大陆架种类密集的珊瑚礁国家级自然保护区等独一无二的资源。近年来，良好的自然环境和浓郁的渔家风情吸引了越来越多的游客，偏僻的渔村兴起了一股“民宿热”。

乡村旅游带旺南极村，当地村民从中受益。越来越多的村民加入改造民宿的队伍中来，许多在外务工的年轻人也回到家乡，开起了自己的民宿。五年来，南极村特色民宿从无到有，逐渐形成民宿产业链，通过民宿推动旅游业发展。现在，角尾乡已经建成的民宿有 52 家，可提供客房 500 多间。

2021 年，广东省文化和旅游厅公示广东省乡村民宿示范点，其中徐闻 3 家民宿榜上有名：角尾乡放坡村苞萝湾驿站民宿、角尾乡放坡村妙享民宿、角尾乡放坡村南极村艺术家部落民宿。

三、热带滨海旅游发展成效明显

徐闻属于热带亚热带地区，菠萝、香蕉、辣姜等热带亚热带水果、作物十分丰富，海洋性气候让其绿涛如海，一年四季阳光普照，夏无酷暑，冬无严寒，独特的地理环境和宜人的气候条件，赋予了这块土地迷人风光和冬休旅游的天然禀赋。

近年来，徐闻积极发展热带滨海旅游业、乡村旅游业和生态养生、长寿健康产业，全力打造中国南方冬休旅游目的地，争当中国南方冬休旅游目的地排头兵。

着眼未来，徐闻县立足全域科学规划，坚持以生态养生、长寿健康产业以及热带滨海风情旅游作为旅游发展的导向，科学整合旅游资源，推动旅游与农业、渔业、文化等相关产业融合发展。委托中国科学院地理科学与资源研究所编制《徐闻县生态建设规划》《徐闻县海洋经济区发展规划》《徐闻县旅游发展总体规划》"三位一体"的战略规划；广州市城市规划勘测设计研究院编制《中国大陆南极村风景资源开发与旅游发展概念规划》；北京清美同创景观工程有限公司编制《白沙湾旅游度假村项目总体规划》；北京天下智扬风景文化传播有限公司编制《徐闻县乡村旅游策划设计》。

徐闻以建设国家级海洋生态文明示范区为契机，进一步明确滨海旅游定位，充分发挥"长寿之乡"优势，突出海上丝路始发港、冬休养生、滨海旅游、休闲农业、汤显祖文化等旅游特色，在打造中国南方冬休养生滨海旅游城市和树立"生态徐闻，长寿之乡"旅游形象的过程中，初步形成了"一城、一廊、四区、多组团"的旅游发展格局。加快建设旅游厕所、酒店、停车场、文化娱乐场所等设施，不断完善旅游公共服务体系。加强旅游从业人员教育、培训，提升旅游综合服务水平和软实力。加大旅游宣传营销力度，积极与高端媒体互动，办好菠萝文化旅游节、南极冬休生活节等活动，打造热带滨海旅游新亮点。

四、打造城乡文化旅游新品质

徐闻于汉元鼎六年（即公元前 111 年）建县，至今已有 2000 多年历史。该县以保护为前提，积极开展文化补短板活动，经过几年的艰辛探索，初步形成以海上丝绸之路海洋文化、汤显祖贵生文化、“菠萝的海”农耕文化、徐闻长寿文化、中国大陆南极村地标文化、解放海南岛红色文化六大文化体系，全县文化软实力焕然一新，城乡文化旅游资源不断提质增效。

1. 挖掘海上丝绸之路海洋文化

徐闻县在 2002 年新建徐闻博物馆，着重在第四展厅中展出以《琼潮、古港、南北风——徐闻海上丝绸之路文物展览》为题的汉代海上丝路的情况。从 2010 年开始，该县专门成立了海上丝绸之路文化研究领导小组，推动徐闻海上丝绸之路文化研究工作取得突破性进展，成功擦亮了大汉三墩旅游区海上丝绸之路文化品牌，先后编印了《海上丝路探索》《大汉徐闻两千年》《汉港长风》等 8 本专著。

2. 组织研究汤显祖贵生文化

徐闻县依托贵生书院文化遗存进行文化探索，2016 年 6 月通过举办“岭南行与临川梦——汤显祖学术广东高端论坛”，展演雷剧《牡丹亭》和《贵生情》取得完美收官，编印《岭南行与临川梦——汤显祖学术广东高端论坛文集》《百代徐闻感义仍》《贵生鼓情》和《汤显祖诗文选》等11本研讨文集，并组织开展纪念汤显祖逝世400周年系列活动、汤显祖贵生文化研究活动和“贵生课堂”改革，从而确定了中国最美的爱情故事《牡丹亭》一剧是“结胎于徐闻，写于遂昌，完稿于临川”的结论。目前，徐闻籍教师钟大生又倾心研究并出版了《汤显祖》一书，这些成果有力地推动了汤显祖贵生文化研究不断取得新进展。

3. 开创“菠萝的海”农耕文化

近年来，徐闻县着力打造“菠萝的海”农耕文化旅游品牌，以带动该县农产品提质增效。该县先后举办了4届菠萝文化旅游节，建立一座集科研、展示于一体的现代农业科技馆。目前，该县又成功地与虎牙、拼多多、一亩田等网络直播平台合作拓展了网络菠萝文化节活动，利用互联网新媒体开展直播带货推销菠萝等农产品，先后开展9次直播带货，除了邀请县长、分管副县长以及各镇镇长、菠萝种植户和经销商参与直播外，还特别邀请一些网络直播大咖、著名诗人、“最美志愿者”等为徐闻菠萝代言，取得了很好的社会效益和经济效益。

4. 打造徐闻长寿文化新品牌

据介绍，徐闻县空气中负离子含量约为3500个/立方厘米，是天然氧吧；水多是天然弱碱性水，有利于人体血管保持柔软，维持正常血压和脉搏；土壤多为砖红壤，含硒（SE）元素是全国平均水平的5倍多。从2015年开始，该县就充分利用这些得天独厚的资源优势，与央视拍摄了《龙肝不如鲜鱼血》等系列宣传片22次，编印出版了

《图说徐闻》《百寿星纪实》《大美徐闻神奇南极》等 6 本专著，成功申报获评为“中国长寿之乡”。

5. 打造南极村民宿文化

从 2017 年开始，徐闻县在着力打造中国大陆南极村极地文化品牌的同时，又创新推动民宿文化进乡村活动，利用各地文化艺人资源在角尾乡放坡村创建了艺术家部落。目前，该艺术家部落经常性地开展一些文化沙龙活动，如“南极村故事会”“粤厨越美”等，成功吸引了国内外众多文化艺人的关注和加盟，在有力宣传推介徐闻的同时又点亮了乡村振兴的文化之光，一时成为该县新农村建设的新风向。

6. 擦亮解放海南岛红色文化

2019 年以来，该县坚持以党建为引领、以人民为中心的发展思想，依托散落在广大乡村与解放海南岛相关的红色文化资源，积极打造了下洋镇墩尾村党性教育基地、角尾乡灯楼角解放海南岛渡海作战纪念馆和龙塘镇博赊港红色文化公园等 10 多处场所，从而激活了解放海南岛红色文化的生命力，为人们提供了一个个鲜活的红色革命教育基地。

五、联手打造琼州海峡旅游区

徐闻南方冬休旅游度假基地战略引起海南的注意，两岸联手科学谋划琼州海峡两岸一体化发展，共同打造琼州海峡旅游区。

2016 年底，建立琼北（海口）、湛江区域旅游联席会议制度，成员包括徐闻在内的两地 13 个市县。2016 年 11 月至今，琼州海峡两岸已在湛江、海口、广州分别举行旅游联合推介会活动，以“一路南下去看海”“乡村旅拍”“雷琼火山地质游”为主题，推出了“一程多站”式旅游精品线路，共同打造具有热带滨海休闲特色的“琼州海峡热带旅游目的地”。

2018年徐闻菠萝文化旅游节在“菠萝的海”景区隆重举行。海口市人民政府副市长带领海口旅游、农业、商贸、交通等部门跨过海峡助力徐闻举办菠萝节，现场为徐闻人民带来了《徐闻海口美美哒》等具有海口风情的歌舞表演文艺节目，并在开幕式主会场特产展销区区域设置海口市农旅推介展台，海口市农业部门、旅游部门组织商家、农产品参展，希望通过海口、徐闻两地互助举办徐闻菠萝文化旅游节，寻找融合发展支撑点，并通过继续完善、做优做精两地“一程多站”式旅游产品，丰富琼州海峡一卡通在出行、购物、旅游等方面的功能，惠及湛江游客，在旅游消费中实现全时全域共享，实现双方发展的同频共振效果。

目前，琼州海峡两岸加强合作，共同打造推出“雷州半岛+海南岛”的热带休闲养生旅游产品和线路。同时，徐闻利用自身自然禀赋，重点进行海湾海岸开发，发展经久不衰的“3S”（阳光、沙滩、海洋）旅游，全力以赴，把优势资源有效地转化为优势产品。

第四节　徐闻县乡村旅游与乡村振兴耦合发展现状

一、加快乡村一二三产业融合，促进产业兴旺

产业兴旺在乡村振兴的目标任务中排在首位，在乡村振兴战略的

实施过程中，产业兴旺是根本和保障，更是首先要完成的工作。如果能快速增强乡村产业，既可以为乡村振兴输入连绵不绝的动力，又能够保证农村经济发展的繁荣。

乡村旅游作为第三产业的代表，其稳定而快速的发展拥有强大的功能，特别是在产业融合方面。其可以通过本身良好的发展，加快融合与之相关联的一二三产业，产生联动效应，推进产业综合性发展壮大，逐步实现农村产业结构的调整和优化。同时，乡村旅游对于乡村生产加工以及乡村传统文化旅游的转型升级具有重要影响，对于加快实现传统农业发展转型具有良好的推动作用，乡村旅游是促进乡村产业繁荣、体系转型升级、架构完善的重要途径和方法。

徐闻县积极发展热带滨海旅游业、乡村旅游业以及生态养生、长寿健康产业，在着力构建现代海洋产业体系，打造中国南方冬休旅游度假基地，树立“生态徐闻长寿之乡”旅游形象，并在与海口携手打造琼州海峡旅游区上持续发力。在建设海峡北岸旅游新城、环岛观光休闲长廊、琼州海峡观光休闲旅游区、中国大陆南极村休闲度假区、“菠萝的海”休闲农业与乡村旅游区、新寮群岛观光体验旅游区中取得明显进展，2021 年，徐闻接待游客 150 万人次，实现旅游收入 5 亿元。

1. 政府制定规划指导乡村旅游发展

2020 年 6 月 1 日，中共中央、国务院印发了《海南自由贸易港建设总体方案》，开启海南作为引领我国对外开放门户的新时代。面对海南迎来的历史性机遇，徐闻县作为海南与大陆间重要战略通道也势必迎来巨大发展。《徐闻县城市总体规划（2011—2035 年）》的发展目标要求：立足徐闻对接海南的门户优势，紧抓粤琼紧密合作重大机遇，实现“十年夯实基础、二十年成效显现”。据此，徐闻县内旅游产业将迎来新一轮不可复制的发展机遇。

徐闻县委、县政府在“十三五”规划和徐闻县第十三次党代会中明确，将徐闻县建成“中国南方冬休养生旅游滨海城市”。该县通过招才引智绘蓝图促发展，先后引进中科院、广州城规院、海南大学等单位专业人才近30人，结合徐闻县大汉文化、汤显祖文化等厚重的文化底蕴与解放军渡琼作战下水点等特色资源，编制完成了《徐闻县旅游发展总体规划》《徐闻县乡村旅游策划设计》《徐闻县民宿发展规划（2021—2025年）》以及《南极村城市设计和控制性详细规划》等，为该县文旅产业全域发展指明方向。徐闻县委、县政府依托得天独厚的资源优势和地理位置，致力“做旺旅游”，围绕建设中国南方冬休养生滨海旅游城市的战略目标，加快推进徐闻全域旅游产业发展。该县着重推进中国大陆南极村建设，以“中国热带康养极地”为开发主题，推进美丽乡村、美丽海岸等项目建设，打造“产业美、生态美、环境美、精神美”的全域旅游区。

2. 打造乡村旅游品牌，推进“N+旅游”发展模式

徐闻县深入实施乡村振兴战略，先后获批建设了国家现代农业示范区、菠萝国家现代农业产业园、广东省农产品加工示范园区、良姜省级现代农业产业园；建成了菠萝、香蕉、冬种蔬菜、甜玉米、对虾、良姜等热带水果、水产畜牧养殖支柱产业，荣获“中国菠萝之乡”“中国香蕉之乡”“中国冬季蔬菜龙县”“国家海洋生态文明示范区”“国家农产品质量安全县”等荣誉称号。徐闻“菠萝的海”先后被评为广东“十佳最美农田”“广东省文化和旅游特色村”“广东名村”“广东省生态示范村”和全国“一村一品”（菠萝）示范村镇，被世界知名的旅游杂志《孤独星球》推荐为广东15个顶级旅游体验地之一。

该县重点探索与海南旅游资源互补合作模式，共建湛琼两地全域性、一体化旅游。同时，结合乡村振兴战略，积极推进“N+旅游”发展模式，引入各类开发主体，并动员本地民众参与开发，大力发展民宿、农家旅舍，鼓励建设避寒旅游主题小客栈和乡居特色客栈，推动旅游与农业、渔业、体育、文化等相关产业深度融合发展，目前已将角尾乡南岭村和放坡村打造成为冬休民宿村。

近年来，随着人们对文化旅游的追求和徐闻菠萝知名度的提高，越来越多的游客慕名而来，希望能够亲身体验当地的菠萝文化。正是由于徐闻菠萝产业的发展，其在品质、品牌、产品多元化上的追求，使徐闻菠萝得到众多消费者的认可。

3. 菠萝产业带动旅游发展，促进三产融合

徐闻县将休闲农业和乡村旅游发展作为现代农业发展新的增长极，立足产业特色优势，贯彻新发展理念，在美丽乡村建设、农旅产业融合发展等方面积极探索、大胆创新，让湛江“农业+旅游”融出乡村振兴的新路子。

徐闻县菠萝种植面积广，大片的菠萝种植区形成一派独特的菠萝风光，因此发展旅游产业具有巨大的优势，而徐闻菠萝现有的资源主要是自然景点，较为知名的就是“菠萝的海”。这里每年都吸引了大量游客前来观光游览，“徐闻菠萝”已从地方特色农产品摇身变为当地旅游新招牌。“菠萝的海”铺陈在大地之上，曲线优美，起伏舒缓，一年四季色彩斑斓，与散落其间的村庄、巨大的白色风车群，构成一幅独具魅力的热带生态农业画卷。色彩斑斓的菠萝种植园，与蓝天、白云、风车、火山口、茶园、菠萝湖做伴，编织成了壮美迷人的热带农业新景观。

随着菠萝产业的多元化，菠萝节、菠萝酒、菠萝干、菠萝文创产品等吸引着越来越多的顾客前来观赏，这不仅提高了徐闻菠萝的名气，还为该县发展旅游业带来了游客资源。因此，应利用菠萝产业的带动效应，鼓励菠萝深加工，提高农户对本土文化的认同感，促进徐闻县旅游业的发展。

以全国"一村一品"示范村镇曲界镇为例。曲界镇通过参与国家现代农业产业园建设、开展一二三产业融合发展兴村强镇示范镇建设，大力推进"农业＋旅游"产业发展，打造"菠萝的海"旅游观光核心区、愚公楼菠萝特色旅游村、红星田园综合体以及农垦农业休闲公园、茶叶主题公园，"菠萝的海"成为省内有名的农业旅游观光区。曲界镇每年协助县政府举办菠萝文化旅游节、红星菠萝采摘节，吸引到曲界镇旅游观光和采摘体验的游客150万人次，旅游带动产业收入达5亿元。

2021年3月19日，广之旅启程本年首个徐闻"菠萝的海"体验团，该4天游线路将乘坐高铁前往湛江，重点前往徐闻在菠萝成熟旺季远望成片的"菠萝的海"，看"菠"浪起伏；或立足其中，鼻腔中充斥阵阵香甜味，感受菠萝丰收的喜悦；游客还可免费品尝果园里新鲜采摘的徐闻菠萝，把丰收带回家；同时，游客还可品尝到疍家风味餐、菠萝风味宴、徐闻风味餐、湛江白切鸡风味餐等舌尖上的湛江味道。

2021年5月9日，随着广东湛江市徐闻县政府与中国邮政集团有限公司湛江市分公司战略合作签约暨"菠萝邮局"揭牌仪式的顺利举行，位于徐闻县邮政大厦的“菠萝邮局”正式揭牌启用，成为全国范围内首个以菠萝为特色的主题邮局。

作为全国首个菠萝主题邮局，徐闻“菠萝邮局”集展示、宣传、科普、销售、寄递、文创于一体，是一家多功能邮政营业厅，主要功能分区包括菠萝科普栏区、集藏展示交易区、创意产品区等。市民可通过菠萝科普栏了解徐闻菠萝的“前世今生”，随心选购菠萝相关文创产品，切身感受直播带货的热烈气氛，并给亲朋好友寄去甜蜜的菠萝及加盖“菠萝邮局”邮戳的特色明信片等。

旅游业的发展可以给一个地方的发展带来更多机遇，当下，徐闻县政府正在为此积极采取行动。2022 年 2 月，徐闻县提出“12221 营销行动”，其中包括举办菠萝云文化节、菠萝展、邀请网络红人直播带货等，通过多样的活动吸引更多游客前来。在旅游业的带动下，当地菠萝可以得到更多的宣传，一方面吸引更多的游客，以此带动与菠萝相关的产品的消费，另一方面可以吸引更多的企业和商家入驻，使当地的菠萝产品更加多元化，如文创产品、特色产品等。在此基础上，徐闻县可以通过增加对第二、第三产业的投入，并充分将菠萝元素融入各个方面，推动菠萝产业的可持续发展。

4. 新媒体营销打造区域品牌形象

徐闻县积极开展旅游产品营销活动，成功举办了四届徐闻菠萝文化旅游节、2018 年南粤古驿道“天翼高清杯”定向大赛、南极村“奔跑吧！大海”马拉松体验赛暨南极村海洋诗歌艺术节、2019 年环中国游汽车集结拉力赛等旅游相关节庆活动，把徐闻优质的旅游资源推向全国。

从 2016 年开始，为促进徐闻菠萝农业向现代农业发展，进一步拉动徐闻菠萝乡村旅游和促进休闲农业提质生产，每年的三四月份当地政府都会举办菠萝文化旅游节，这不仅给果农们搭建起一个销售菠萝的平台，更是创造一个向更多人推广菠萝、展现当地特色菠萝文化的机会。在菠萝文化旅游节上，各种新媒体平台会全方位地对徐闻菠萝及徐闻县进行宣传，如广东共青团微信公众号上就曾推广过徐闻“菠萝的海”。除了在特定节日举办影响力较大的活动，果农们也纷纷成为微商，亲自为自己的产品打广告，这大大提高了徐闻菠萝的知名度。随着与徐闻菠萝相关的活动逐渐多样化，徐闻的菠萝产业也在不断深化发展，与此同时，徐闻县的旅游业也日渐壮大。

早在 2018 年，马蜂窝就推出了与徐闻“菠萝的海”相关的“蜂首游记”，为众多游客“种草”了当地的盛景。每年 4 月，正是徐闻菠萝上市的时候，这个季节抵达徐闻，不仅能看到壮观的菠萝种植地，还能在田间直接吃到“白菜价”的菠萝，当地菠萝的品质之高，也刷新了不少游客对这种常见水果的认知。除了菠萝之外，徐闻当地还有不少值得一看的风景。中国大陆南极村就在徐闻最南端的角尾乡放坡村，这里有壮美的滨海景观、密集的人文史迹、浓郁的渔家风情，还是珊瑚礁保护基地。徐闻也成为旅行者网红打卡地。马蜂窝旅游大数据显示，2021 年 3 月 2 日至 3 日，徐闻的旅游搜索热度环比上涨 168%，“菠萝的海”成为游客最关注的徐闻旅游关键词。

2021 年，徐闻首次把“菠萝节”搬到外地举办，选择和徐闻有特殊情缘的英雄城市——武汉。湛江日报社和长江日报报业集团联手，通过线上线下多方联动、全方位立体式的融媒体传播矩阵，对此次活动进行报道，引起了湛江武汉两地市民和全国媒体的关注。

4 月 22 日至 25 日，《湛江日报》刊发了《“菠萝的海”崛起产业

“梦工厂”》《英雄武汉 温厚徐闻》《致敬！网红菠萝赠白衣天使》《江海相约 菠萝为媒“闻武”双全 亲上加亲》《刷屏！主流媒体争相报道徐闻菠萝节走进武汉》等系列报道，图文并茂，及时为市民读者奉上徐闻菠萝走进武汉的最新报道。

4月21日至25日，湛江日报社旗下的新媒体平台——湛江云媒App、湛江日报微信公众号、抖音、视频号、湛江唯食网，通过专题、图文、视频、H5、直播、海报等多样形式，对“英雄武汉，温厚徐闻——行走的广东徐闻菠萝节”活动进行全程报道，全平台总共发布稿件近80条，总点击量达到190万+，评论数3000+，网友读者纷纷点赞。

2022年2月27日，以“中国大陆最南端的这片‘菠萝的海’”为主题的第一期广东菠萝专题片报道已登上珠江台融媒体电视专栏节目《大湾区财富通》，徐闻菠萝以此为基础，在整合全频道电视、广播和新媒体资源的情况下，以专题片等融媒体方式，走出一条全方位的品牌及产品推广发展之路。

二、提升旅游基础设施建设，实现生态宜居

为了更好地发展徐闻县旅游，当地政府及镇、村两委干部带领社区居民树立多村生态安全、绿色宜居理念，创建农村生态安全绿色发展新模式。严格保护农村生态环境，管理村里饮用水源，重点保护村庄的自然特色，用生态环境保护拉起产业发展的“红线”。村民在政府的影响下都自觉维护村庄及景区环境卫生，广泛参与农村绿色产业管理。开展“村庄清洁”活动，干群合力对辖区主要街道、绿化带、

村街卫生展开集中清理整治，对村庄及周边、坑塘沟渠、道路两侧、房前屋后等重点区域进行全面排查，做到发现一处，整治一处，美化一处，切实改善了村街“脏乱差”的问题。同时，对清理出的场地进行合理利用，建成“四小园”等，不断净化美化辖区农村环境空间。

例如，作为广东首批文化和旅游特色村、广东美丽乡村特色村的放坡村，已有190多户家庭加入“厕所联盟”，挂牌开放。该村根据属地管理原则制定“厕所联盟”农户厕所管理办法，一是标准化保洁，对加入“厕所联盟”的厕所，要求布局得当、光线充足、通道畅顺、干净无异味、标识明确、定时开放、文明服务、管理规范。二是加强监管，全面推行统一签订“放坡厕所联盟承诺书”、统一设置“厕所联盟”标识牌和卫生管理制度牌。三是挖掘厕所资源，鼓励和倡导符合条件的农户及单位加入“厕所联盟”，对外免费开放本单位内部厕所，并安装标识牌，统一纳入管理。推进学校、村委会、游客接待中心、敬老院、士多店、艺术家部落及珊瑚保护区等临街、临景符合条件的单位免费对外开放厕所，增加公厕总量、弥补布局上的不足，为游客提供更加便捷优质的服务。

三、培育专业乡村旅游人才，提升乡风文明

徐闻建县至今已有2000多年历史，经历多次移民开发，其民俗文化既有浓烈的地方特色，也有与神州中原文化共同的特征。徐闻文化是多元文化的交融体，它以中原文化为主体文化，与闽浙文化、潮汕文化、珠江文化、客家文化、西江文化、琼台文化相互濡染，和衷共济，形成了特色的徐闻本土文化。深厚的历史积淀与文化传承使得

其民间民俗文化活动更是丰富多彩、妙趣横生。每逢元宵节、年例、神诞日等节日，表演雷歌、雷话歌仔戏、雷话木偶戏、徐闻武术、舞狮、舞龙、屯兵舞、阵式藤牌舞、飘色巡游、花灯等进行庆祝，形式多样、内容丰富，蕴涵着一种深邃的民族民俗文化内涵，盘古诞、妈祖祭等民俗节目更是被列入省市非物质文化遗产名录。

徐闻县以保护为前提，积极开展文化补短板活动，经过几年的艰辛探索，初步形成以海上丝绸之路海洋文化、汤显祖贵生文化、“菠萝的海”农耕文化、徐闻长寿文化、中国大陆南极村地标文化、解放海南岛红色文化六大文化体系，全县文化软实力焕然一新，城乡文化旅游资源不断提质增效。

徐闻县加强党建对人才振兴工作的引领，建立健全人才工作机制，成立了由县委书记为组长，县委副书记、县长为第一副组长，县委常委、组织部部长等领导为副组长，相关职能部门“一把手”为成员的人才工作领导小组，形成了党委全面领导、组织部门牵头抓总、职能部门各司其职的人才工作格局，并先后制定了《徐闻县产业人才引进实施办法（试行）》等一系列政策，落地成规。

徐闻县在2016年和2017年成功申报广东省“扬帆计划”——“中国大陆‘南极村’旅游人才工程”项目，共获得专项扶持资金160万元，为该县培育高质量文旅人才提供资金支持，为徐闻文旅产业做大做强创造了条件。

徐闻县大力培育人才，推动文旅产业创新发展，以人才项目为依托，实施“党校＋高校＋体验式教学”的培训模式。通过“请进来”与“走出去”的方式，分类组织乡村旅游人才、文创人才及红色旅游解说员等旅游骨干人才12期约700人次到高校、旅游职业学校等地区开展专题培训。同时，还柔性引进高端墙体彩绘人才 5 名，定期为角尾乡放坡村、南岭村等的主要巷道及民宿的墙壁进行彩绘，并培训当地民宿主彩绘技术。

通过各种方式培训，徐闻县基层人才的全域旅游发展理念不断加强，并大力打造一支持证专业导游、文创人才、红色旅游解说员等 100 多人的新时代文旅人才队伍，为徐闻旅游产业创新发展提供专才服务，有效提升了徐闻的文旅产业迈上新台阶。

四、推行“党建 +”模式，乡村治理有效

近年来，徐闻县把实施乡村振兴战略作为各级党组织“一把手”工程，认真探索创新“党建 +”模式，深入实施“3151”工程，即 3 级书记共抓乡村振兴、1 根动轴推动乡村振兴、5 个齿轮互动共进振兴、1 个联盟带动全面振兴，推动“产业链党建联盟 + 人才驿站”工作同步落实，以产业振兴撬动人才振兴，以人才振兴反哺产业振兴，合力助推乡村振兴齿轮。创新“四权”治村管理模式，收到了明显效果。村里怎样发展、公共事业怎样干，由村支部商量决策，然后再拿到代表会议上讨论表决，干与不干、怎样干、行与不行都交给群众决定；群众决定以后，由村委会去安排执行；在整个工作中，都由监委会全方位监督，找到问题及时修改。村两委干部带动全村企业发展，实现增收节支，让群众选出来的干部服务群众，同时完善岗位责任制，从安排到实施到完成，所有责任全部进行管理配置。通过这一举措，逐步达到村庄精细化管理，职责清晰、人尽其才、人尽其力的管理系统，有利于提前发现人员配备问题，提高工作效率。最终村庄随

着乡村旅游发展“自治、法治、德治”的逐渐实行，也从“党、政、企”三个方面都达到了治理有效的目标。

五、乡村旅游增收效应明显，农民生活富裕

近年来，徐闻相继建成了一批以民俗风情为特点的特色民宿，其中以南极村最为出名，良好的自然环境和浓郁的渔家风情吸引了越来越多的游客来到这里。

20 世纪 70 年代，由于交通不便，当地居民建了很多珊瑚石民居。而随着经济发展，这一类房子逐渐废弃。当地人就地取材用珊瑚石来打造民宿。珊瑚石上有很多气孔，可调节房间内温度，冬暖夏凉，而且海风拂过，穿过珊瑚石空隙，形成一阵动听的音韵，珊瑚民宿由此被村民命名为“会呼吸的房子”。南极村特色民宿从无到有，形成民宿产业链，通过民宿推动旅游业发展。现在，角尾乡已经建成的民宿有 50 多家，可提供客房 500 多间。一栋栋兼具艺术和海洋气息的民宿、络绎不绝的游客，让这个鲜为人知的小渔村，蜕变成新的网红打卡地。

随着南极村旅游资源的开发和交通条件的改善，很多游客都慕名而来。乡村旅游带旺南极村，越来越多的村民加入改造民宿的队伍中来，在外务工的年轻人也回到家乡，开起了自己的民宿。民宿产业带动餐饮业、种植业、渔业等产业的发展，农家乐、酒店规模不断扩大，农产品、海产品消费需求不断提升，带动当地就业 500 多人。

六、总结

乡村旅游系统与乡村振兴系统二者具有明显的耦合关系：乡村振兴是乡村旅游发展强有力的助推器，在乡村旅游可持续发展中发挥着重要作用；乡村旅游有利于实现农业的多功能性价值，是实现乡村振兴战略的重要途径和抓手。两者互相作用、互相促进、协调发展。乡村旅游发展对乡村振兴的促进作用，主要体现在乡村旅游发展能促进乡村产业兴旺、生态环境优化、乡风文明建设、乡村

治理结构完善、乡村居民生活富裕的实现；乡村振兴推动乡村旅游发展则体现在促进乡村旅游环境优化、经济效益增加、景观质量提升、旅游设施完善、服务管理改善。同时，乡村旅游系统与乡村振兴系统还与外界发生能量、物质和信息交换，两者通过影响和反馈的形式介入耦合发展关系中。

做旺旅游，做美乡村，实现了乡村旅游发展，促进一二三产业更加融合，推动徐闻农村产业高质量发展，大大提升了徐闻农业发展综合效益和竞争力，激发了农村发展新动能。

乡村振兴和乡村旅游的耦合发展给徐闻发展带来新的局面和新的阶段，也给徐闻提供了农业供给侧结构性改革的新模式，为推动乡村全面振兴、实现共同富裕提供了典范和样板。

第八章　湛江市乡村振兴与乡村旅游耦合发展建议

乡村振兴与乡村旅游本质上属于两个系统，所以二者在同一个乡村区域的发展必然是不均衡的。例如，山西省晋中祁县积极探索集体经济发展提升的有效路径，把发展壮大村级集体经济作为全面实施乡村振兴战略的有力抓手，而乡村旅游只是乡村振兴规划布局的重要组成部分；而山西省灵丘县花塔村则确定了“乡村旅游+”的发展思路，以农业产业为基础、乡村旅游为形态，以乡村旅游活动的开展助力乡村振兴战略的实施，所以乡村旅游的发展在其乡村振兴战略规划中十分重要。因此，笔者将两个系统看待成一个整体的研究视角，建立了乡村振兴与乡村旅游耦合发展评价指标体系，计算乡村振兴与乡村旅游发展耦合度和协调度，并根据数据情况提出乡村振兴与乡村旅游耦合发展的意见与对策。希望通过优化乡村基础设施配套，拓宽三产融合领域，实现生态振兴和文化振兴，建设农村经济高质量发展的人才机制，实施保护与开发并重的乡村旅游开发模式，保护传承乡村文化、优化乡村旅游产品供给、拓宽旅游营销渠道，最后实现乡村振兴与乡村旅游优质、高效的耦合发展。

第一节 加速乡村振兴，为乡村旅游发展奠定良好基础

一、加快农业与乡村旅游的内部关联

第一，积极优化参与人群、产业活动内容及地点等要素，例如，在从业人员组织方面，应从“农家乐”的单一农民创业和就业的局面向着“农民+城市创业者”二元结构转变；乡村旅游的产业活动内容应从传统单向度的农业生产生活向着“农村生活+旅游综合服务”转变；在产业融合发展趋势下，乡村旅游的目的地也应进一步扩展，逐步从“农家院”的有限小范围向“田间地头+周边旅游地带”的营销区域延伸。

第二，农业与乡村旅游的内部结合需坚持扬长避短的原则，发挥出各自的优势，加快内容衔接，减少产业融合中的消极影响。

第三，要确保游客、农民、自然环境、市场经济的和谐共存，使乡村旅游成为建立区域农业发展的对外宣传桥梁，农业成为乡村旅游发展的主要支撑力量，从而提高农业与旅游业的契合性，实现农业旅游资源的多样化、系统性开发，确保乡村旅游市场营销的新模式尽快发挥出特有优势。

二、优化乡村基础配套设施，充分带动乡村旅游发展

乡村地区新旧动能转换对释放农村经济潜力至关重要，而乡村旅游产业是现代农业和旅游业相结合的新型产业形式，对于农村经济、社会和环境改善具有重要作用。乡村地区的基础设施相对来说并非十分完善，但对于乡村旅游活动的开展来说，为给游客创造良好的出游体验，争取各方人力物力的支持，优化旅游基础设施是必需的，如餐饮卫生有保障、停车场规范醒目、旅游厕所数量充足。在科技快速发展的时代背景下，湛江市乡村旅游配套设施的建设也应与时俱进，借助物联网、人工智能、5G等技术实施智慧乡村旅游工程，为乡村旅游的发展提供更加智能化的支持，借助“一部手机游湛江”推动乡村旅游的发展，为游客提供乡村旅游门票、交通线路、餐饮住宿、休闲娱乐等一站式、定制化、精确化、个性化的乡村旅游信息服务。

首先，应从政府层面加强政策引导，严格控制污染物排放处理程度在规定范围内，促使当地达到更为合理的污染物处理水平，并提供一定的资金支持优化乡村污染物处理设备，提升处理能力。其次，应加强对乡村旅游利益相关者的环保宣传引导，呼吁当地村民生活垃圾按要求进行垃圾分类，提醒外来游客垃圾入箱、杜绝随地扔垃圾等不文明行为，关停污染严重企业和污染物处理能力不达标企业。最后，应充分利用乡村旅游景区宣传手册、宣传栏、电子屏幕等资源，传播环境保护宣传标语，加大引导，减少对生态环境的破坏。

应坚持因地制宜的原则，多主体参与多渠道进行乡村的绿化提升。首先，应充分利用当地已有的地势地貌、广场道路、民居建筑

等，并结合当地村民的生活习惯进行规划，采用天然的装饰方式开展乡村绿化工作，避免留下过重的人工修建痕迹，尤其在乡村旅游景区内增大绿化面积，并体现实用、美观、经济的原则，带给游客良好感官体验的同时，改善当地生态环境。其次，要广泛动员当地村民参与到乡村绿化建设和管理中，加大绿化宣传力度，提高居民的绿化意识，借助植树节、环保日等节日开展大范围的绿化活动。整体来看，湛江市乡村旅游的发展应采取自上而下，政府、旅游企业、当地村民、游客等多利益主体层层参与的方式，共同努力营造良好的乡村旅游环境，提升生态子系统对乡村旅游可持续发展水平的贡献度。

三、拓宽三产融合领域，加深融合程度

1. 推动产业链纵横深入发展

延伸以农业为基础的产业链条，加快全产业链要素融合。

第一，推进农业产业结构调整，努力培育优质农作物品种，通过合理规划种植布局，实现规模化种植、集约化生产，严格把控每一环节的生产标准。

第二，充分利用高新技术，搭建覆盖全产业链的互联网电商平台。推进农业合作社、养殖大户和家庭农场与专业交易市场、大型商超之间的合作。

第三，积极创建农业产业园区，挖掘农业多功能。比如，种植业可以打造为依托于农业基础的休闲农业，将农田变成生产与生态美观共存的公园。畜牧业可以打造“欢乐农场”，将传统的观光转变为体验式观光，增加乐趣，吸引游客。

第四，为确保各个产业之间的快速融合，必须要建立完整的公共服务平台，为农村三产融合提供保障。

2. 以产业化基地建设为抓手，加强农业与第二、第三产业的融合

（1）要以农业产业化建设作为重中之重，注重加强农村与产业的融合发展，促进新型农业经营主体和产业的共同发展，引进更多的专业化人才并且提升管理能力。现阶段，我国的新兴农业经营主体没有得到充分的发展，所以要注重培养有较高的技术水平和较强示范引领力的新兴农业经营主体。

第一，注重加强农庄和其他专业大户之间的结合，进一步强化社会参与力量，确保农户以及专业大户能够注重农产品的初加工以及直销，充分利用农村空房并整合各方面的资源，利用后用来发展农村旅游，这样可以提高城市家庭农场现代化水平，也能够吸引普通农民真正加入城市、农村产业发展过程之中。

第二，注重对农业合作社的规范引导，将其各种职能得以充分发挥，引导农业合作社注重向物流配送、市场营销等各个领域进行扩展。为扶持符合相关条件的机构向综合性机构发展，应该在政府政策优惠以及财政补贴等角度，注重加强对农村合作社的扶持力度，切实有效地将农村合作社在拓展行业规模、提升抗风险水平等各个方面的功能得以发挥，促进农民合作社的有序建设，进一步提高其整体的经营水平，使农民合作社能够真正为农户服务，实现农民的增收。

第三，注重培养龙头企业，发挥引领作用。要将农业龙头企业在资金、管理、科技等方面的优势得以发挥。加强财政、税收方面的扶持，使龙头企业能够注重扩大产业链，实现农产品的精深加工，推动原料基地的建立，指导农民、村民、合作社等主体建立合作关系，发挥其在推动产业融合过程中的作用。

第四，积极引导社会资金投向。积极鼓励社会资本参与农村产业融合，取消对于一些项目存在的不合理规定，国家所构建的资金支持政策应该平等对待各种项目。

（2）湛江市要围绕菠萝、荔枝等优势产业构建更加专业、优质的农业生产示范基地，促进政府对于绿色有机食物的认定。从客观角度上而言，进一步提升我国农产品工程质量的管理水平以及市场竞争优势，通过使用有效的政策引导各种类型的企业实现快速发展及集聚，这样有助于推动科技和市场之间的互动，促进龙头企业产业集群的发展，进一步提升整体的竞争力，引导农村专业合作社的有序发展，保障农户权益。同时，要注重培育大型农业龙头企业的力量，建立物流配送中心，以参与到企业的产品交易会之中，加大农产品的出口力度，进一步缓解因为品牌竞争力差而导致销售困难的情况。

（3）采用各种措施发展休闲度假旅游，切实促进旅游文化与新农村发展二者之间的融合。围绕重点景区、农业集聚区的发展，确定目标市场，规划产业发展布局，将文明传播、健康保健等各项作用充分整合，培养起能够凸显主体业态、适合大规模发展的观光旅游地，实现休闲旅游门户网站的尽快构建，并主动参与到国家休闲旅游城市的打造之中。实现与新农村建设的充分关联，注重以农产品作为原料进行商品的开发，以及从市场出发进行宣传。将休闲农业和农村景区二者之间建立充分关联，利用全国化、地域化的各种主题节会来切实推进休闲农业旅游的有序发展。

3. 因地制宜，形成特色三产融合局面

在中共中央、国务院发布的《关于做好 2022 年全面推进乡村振兴重点工作的意见》中，提到要充分挖掘农业的多功能，挖掘乡村的多元价值。农业的功能包括经济、文化、生态和政治等，与乡村振兴战略的总要求不谋而合。湛江市是农业大市，不同的区域有着不同的农业，文化就蕴藏在农业中，深入挖掘农业文化功能，有利于传承优秀传统文化。

发展农村三产融合，就是要以经济为基础。首先，要深入挖掘农业的经济功能，积极调整农业产业结构。当前我国发展进入了新时代，农业生产必须要依据市场需求来不断调整，其方向就是要适应市场对农产品高质量、多元化的需求。湛江市农业发展政策和规划的制定一定要依据当地自然条件和农村特色，不能采取“一刀切”的手段，要合理规划农业产业结构。其次，要创新生态农业经营模式。生态农业兼具食品生产、文化传承、资料供应、生态保护、环境美化、科学研究等多种功能。要结合市场需求打造生态农业园区，与第二、第三产业结合，发展“农业+加工业+旅游服务业”“农业+科学研究”“农业+互联网”等产业。积极鼓励农民、企业大胆参与，增加农民收入、搞活乡村经济。最后，要继承传统文化中优秀的农业生产模式，探索多元化的农作物耕种模式。以现代科学技术为辅助，借鉴传统农业文化遗产中的耕作模式，不断创新，促进农业生态可持续发展。除传统农业文化外，发展乡村旅游业，还要深入挖掘乡村文化，将当地人文历史、精神风貌、特色产业、文化古迹结合起来，发展“乡村旅游+文化”的模式，实现乡村文化功能向经济的转变。

四、重视生态环境保护，实现生态振兴

乡村振兴立足于发展经济并重视生态环境保护，通过乡村生态振

兴，发展观光农业和乡村旅游，进行水污染治理、水源建设、林草湖田建设，控制农业面源污染和水污染，能够为乡村振兴提供经济动力。水源及林地等生态资本价值实现为农业产业升级提供了经济支撑，调动农民积极参与生态产品的生产，社会资本积极打造特色乡村文旅产品，促进农村经济高质量发展。

1. 严控生态红线，打造宜居乡村

良好的生态是乡村振兴的内在要求，生态红线是生态宜居的制度保障。党的十八届三中全会明确提出："通过建立空间规划体系，划定生产、生活、生态空间开发管制界限，落实用途管制。"党的十九大报告再次强调："完成生态保护红线、永久基本农田、城镇开发边界三条控制线划定工作。"因此，当地要大力发展绿色农业、生态农业、循环农业，解决好农业发展过程中产生的污染问题。减少化肥农药使用量，以肥料化、饲料化、燃料化、原料化、基料化为重点提高秸秆综合利用率，加大人畜粪污、废弃农膜等垃圾的集中处理力度，减少农业面源污染。

同时，要实现生态发展意识与实际发展举措的高度契合。在环境治理过程中提出严格的纪律和措施，贯彻落实可持续发展要求。从行为上规范，以严格的日常管理和完善的规章制度引领生态振兴；从思想上引领，加大宣传力度，形成建设美丽乡村的共同意识，形成生态宜居发展新格局。

2. 统筹发展规划，发展绿色产业

强化功能定位，走因地制宜的农业绿色发展道路。同地域的自然生态系统融合，利用当地的特色风貌和生态资源发挥优势；同地域的经济环境融合，寻找适合本地发展的经济发展方式。坚持质量第一、品牌强农，大力推进农业标准化，实施品牌提升行动，促进农业社会化服务，以此推动农业技术的进步，减少对生态环境的污染与破坏，有规划地进行发展。大力发展新型农业主体，利用乡村振兴的政策支持，推进新型农业主体的专业化发展，引入农业中介组织，为新型农业主体提供信息资讯，解决新型农业经营主体的信息不对称问题，还可以为新型农业主体提供有效建议和发展策略，引导劳动力合理地流动。

3. 加强农村地区的宣传教育工作

意识形态问题始终是农业农村发展道路上的“拦路虎”，提高不了农村领导队伍和普通居民对生态环境的重视，就无法顺利开展后续的一切工作，因此，必须把加强农村居民生态文明意识作为宣传教育的重点，提高居民绿色发展素质。首先，在农村公示栏中加入生态知识普及。绿色发展理念作为我国经济发展的一大抓手必然是科学有效的，需要在群众中进行广泛的传播和普及。首先，在知识的选择上，注重宣传关于本地生态质量、保护措施、有利结果等切身相关的内容，也要注重基本常识如生态多样性、生物圈循环等理论性知识。其次，宣传手段要丰富多样。随着互联网的迅速普及，除去电视和广播之外，手机网页、短视频也成为乡村居民日常浏览的主要途径，可以借助这些方式，多展示一些贴合农民生活、生产的榜样事例和先进生产方式。此外，各市广播电台也可打造“网红”主播，以短视频或公众号的形式向村民宣传生态知识和基本常识，使其提高认识。

五、本土文化挖掘，共促文化振兴

文化振兴是乡村振兴题中之义，是乡村振兴的重要一环。

1. 树立主体观念和正确的文化价值观

湛江市乡村居民数量巨大，是乡村文化建设过程中的主体，乡村居民的文化价值观和主体意识的强烈程度，在一定程度上关系到乡村文化建设的质量，因此，湛江市在实施乡村文化振兴的过程中要以乡村居民价值观和主体意识作为基础，整合城乡文化惠民活动资源，在节假日，特别是农民丰收节，鼓励乡村居民自发组织开展民歌村歌会、村文艺演出、广场舞、趣味运动会等体现农耕农趣农味的文化体育活动。通过各种方式培养农村参与文化建设的主体思想意识，使乡村居民展现出强大的文化自信，增强乡村居民对于乡村文化的认同感。

2. 以优良家风养成良俗规范

中国传统文化中的良俗很多，在优良家风养成中，要重点养成“仁义礼智信、勤俭孝悌廉”的品格，逐渐养成个人品德和家庭美德；在优良家风建设中，成人应言传身教和率先垂范，给未成年人树立正确的榜样，“莫以恶小而为之，莫以善小而不为”。

3. 以淳朴民风和文明乡风形成自治规范

以优良家风养成的良俗规范是形成淳朴民风和文明乡风的基础，从个人品德和家庭美德发展到职业道德和社会公德，自治规范的形成需要乡村精英严守践行，需要通过弘扬和惩戒来保障。

4. 推进乡村文化基础设施建设

乡村文化振兴的持续推进需要考虑乡村文化基础设施的建设工作，一方面需要建立硬件设施，另一方面需要建立软件设施。文化基础设施是乡村居民参与文化建设活动的物质载体，乡村文化基础设施的建设水平和质量在一定程度上影响着乡村居民参与文化建设的积极性。首先，应该加大乡村文化建设硬件设施的投入力度，精神文明建设的加强需要强健的体魄和对农村居民的熏陶，可以通过建设文化广场、体育场以及娱乐活动广场等，再配备良好的健身器材，使人们的闲暇时间能够得到充分的利用。其次就是软件设施的建设和文化熏陶，农村基层政府应该加大资金投入，建立农家书屋、小型电影院和农村阅览室，在有条件的农村可以开设兴趣班，不断培养乡村居民的兴趣爱好，通过开展多种形式的文化活动，使乡村居民能够接受最新的文化信息。

同时，在乡村文化基础设施建设的过程中要改变“重建设、轻管理”的理念，一方面要注重建设高质量的村级文化活动场所，另一方面，乡村文化基础设施建立完成之后需要进行定期的检查和维护，对于室外的一些设施，例如健身器材、各种球类设施以及文化广场的灯类设施，需要及时检查，以免发生事故，提升乡村居民的自豪感和自信心。除了硬件设施之外，教育也至关重要，可以尽可能地把当地有文化的人才留在农村，增加高素质人才的比重，以高素质的人才加强农村文化建设的基础力量，达到一帮十、十传百的效果。

5. 实现乡村文化建设差异化

在乡村文化建设的过程中应该重视不同地域、不同农村之间存在的文化差异。在进行文化建设的过程中，湛江市基层政府应根据自己所在乡村的文化遗产资源，深入挖掘其文化内涵，在对文化遗产资源进行开发的过程中与保护并重，尽可能保留乡村原始的面貌，在进行文化建设的过程中保留住乡村文化的“根”与“魂”。可以根据湛江本地农村特有的雷州民俗文化、农耕文化、海洋美食文化、古建筑文化等开展文化建设，或者依托某一特别突出的优势文化资源进行文化建设，发展农村演艺、农村文化旅游、打造农村特色手工艺品牌，通过文化建设直接或者间接增加乡村居民的收入。

我国众多乡村要根据自己的真正实力和资源做好发展预案，制定差异化的发展计划，通过采取创新性的继承和保护，让那些独具特色的、真正有历史文化底蕴的东西保留下来。乡村文化的发展振兴离不开多种力量的持续发力，在进行乡村文化建设的过程中应该综合考虑，可以采取多种方式促进乡村文化的建设发展，可以将文化和旅游相融合，可以将文化推向市场，也可以将文化和产品相融合，不断增强乡村文化的生命力和创新力。

六、建设农村经济高质量发展的人才机制

乡村人才振兴既是乡村振兴的重要组成部分，更是农村经济高质量发展的重要保障，因此人才机制建设将会对农村经济社会发展产生深远影响。农村经济高质量发展的人才机制建设需从以下几方面着手。

1. 培养农村本土精英人才

要创新机制，加快对新型职业农民、乡村干部、科技人才、乡土人才等现有各类人才的培育，开展精细化培训，实施定向培养计划，激发“存量”人才潜能。在农业生产或企业生产过程中，农民及企业员工也在不断摸索经验，探索高效率的生产方式，甚至可能会因“量变”引起“质变”，推动科学技术的创新和进步。政府应深度挖掘具有专业技能的人才，并为其创造良好的生产环境，培育造就农村本土精英人才，从而发挥技能经验的外溢效应，提高农村资源的利用效

率，助推农村经济高质量发展。此外，政府还应该为专业技能人才提供技能培训场所，定期邀请相关领域的专家及学者组织培训和交流，加快理论知识和实践经验的融合，催化更多的科技产出成果，指导农业及其他产业朝高质量方向不断迈进。

应发挥农村基层组织对于当地高素质农民培育工作的领导规划作用，加强基层党组织建设，增强农村管理能力。在此基础上，由各地农业农村部门与涉农院校、科研院所、家庭农场、农民合作社、农业龙头企业、农业科技园区等各类机构合作，政府力量与社会力量形成合力，遴选建设一批设施完备、经营管理规范、示范带动作用强的高素质农民实训培育基地，从各个方面提升高素质农民培育条件，进而提高高素质农民培育的质量和水平。

在培训内容上，主要应着重三方面的内容：第一，基础知识方面。具备农业生产经营管理等方面的基础知识是参与现代化农业生产、适应相关工作的前提。第二，专业技能方面。在理解吸收基础知识的基础上，高素质农民应当具备制定农业生产计划、规划营销管理方案、农业产业化生产相关的资源利用、成果核算等方面的技术与能力。第三，综合素质方面。高素质农民应当是具备一定文化水平，了解相关法律法规，同时对农业生产具备社会责任感的综合型人才，为乡风文明建设创造良好的社会环境。此外，也应强调因地制宜，与当地特色化农业产业相结合，迎合当地农业生产需要。

丰富高素质农民的培育模式，需要借助丰富的物质与设施基础和教育活动场地。因此，亟须进一步建设和发展新的教学场地，丰富培育模式，为高素质农民培育提供培育发展平台，为乡村人才振兴助力。其中，在农业理论教育与基本素质教育方面，职业院校、大学具有师资、课程、平台等方面的优势，尤其是能对农民开展系统性、专业化的学历教育，有助于全面提升农民的综合素质和自我发展能力。在就业技能培训方面，则需要产教融合、校企合作，以推动理论与实践相结合，可以通过参观学习等形式，在现实体验中解决学习中的问题，提高学员农业生产技能水平。

2. 引进各界精英人才投身农村发展事业

乡村振兴的关键是人才。但是不可能依靠留在乡村的老人来振兴乡村，也不可能依靠短期到乡村的志愿者，而是需要能把资本、知识、管理和各种信息带到乡村，并能扎根乡村的新一代“乡村人才”，这是未来乡村振兴的中坚力量。

（1）乡村的基础设施要有利于吸引人才回村。

完善的基础设施是实现乡村振兴和吸引人才到乡村就业创业的先决条件。乡村基础设施环境和人居环境的好坏直接影响返乡人员就业创业的项目和决心。乡村要振兴，加强乡村公共基础设施建设是关键一环。要多方筹集资金，加大对乡村道路的投入，实施乡村道路畅通工程。加强乡村水利基础设施建设，逐步有序推进城乡供水一体化。兴建乡村垃圾清洁化、资源化处理设施，让乡村变得更加干净。实施数字化乡村建设发展工程，推动信息通信技术设施建设。加强村级客运公交化，文化体育、公共照明等综合服务设施建设。改造提升农村投递物流基础设施，发展线上线下相结合的服务网点，为返乡人员提供就地就近就业创业的机会。

（2）政府加大扶持力度。

在农村经济扶持方面，加强对农村农民的金融基础服务，政府应将财政支出多用于本地区的重点乡镇产业企业。首先，在当前疫情影响下，尤其应当加大对于中小微企业以及第三产业企业的政策扶持力度与金融支持，拓宽农民申请贷款范围与信贷资格；其次，要在资金上帮扶乡村中的致富能手，尤其是从事具有带动能力与辐射效应行业的农村致富带头人，帮助他们把企业做强、做大、做优，解决本地村民就业问题。

政府要充分发挥知识的溢出效应，鼓励人才定点帮扶发展滞后产业，为产业高质量发展提供先进的管理模式和发展经验，降低企业发展的失误率，进而为农村经济高质量发展奠定扎实的产业基础。政府还可以挖掘具有社会突出贡献的农民，由于他们出身农村，存有故乡情结，也甘愿为家乡建设献才献智，所以要加强与他们的联系和交流，使其了解到现阶段家乡发展的短板，有针对性地提供帮助和服务。

（3）建设创新创业平台。

农村创新创业不仅能够增强乡村产业振兴的多样性，还能够为产业振兴带来新的活力与动力。在当前的乡村产业发展中应当完善农村居民的创业环境，通过农村居民创新创业带来新的就业机遇与产业机会，从而推动乡村产业质量与效益不断提升。乡村创新的重要环节便是培育创新创业主体，应当深入农村地区并挖掘出具有长远眼光与能力的“领头羊”，进行知识与技能的培养与扶持，发挥带头作用，引导其他农村居民创新创业，形成帮扶集体，共同建设家乡。与此同时，还应鼓励优秀在外务工人才返乡创业，加大政府投入，对于优秀返乡创业人才应当予以经济上的适当补贴，为本地区创新创业人才与外来或返乡的优质人才提供创新创业平台，按照“政府搭建平台、平台聚集资源、资源服务创业”的要求，进行创新创业园区的建设，整合乡村内部资源进行科学合理分配，使优秀在外务工人才回得来、留得住。

（4）创造条件让乡村留住人才。

人才振兴，留人更要留心，重要的是制度保障。探索创业支持机制，给农村创业者提供政策便利，打通相关政策的绿色通道；完善人才激励机制，生活上提供便利、发展上拓宽赛道，让深耕农村沃土的各类人才无后顾之忧；健全人才培养机制，因地制宜、多方合作，形成与发展需求相适应的培养方式与人才梯队，以农业农村人才的能力提升带动振兴发展的水平提升。应该看到，建立健全各项制度是一个循序渐进的过程，以制度化措施留住人才也是长久之策，通过制度手段激发人才活力，乡村振兴才能更好地实现积蓄潜力、持续发展。

3. 提高农村现代化治理效果

农村现代化治理水平的提高会为农村经济高质量发展提供良好的政治环境。现阶段，农村的领导干部年龄普遍偏高，学习和探索新事物的意愿和能力相对欠缺，难以迎合农村快速发展的现实需求，甚至有部分干部表现出懒政、腐败、不作为、滥用职权等负面行为，这将严重影响农村现代化治理效果。实现农村经济高质量发展需要以优秀领导干部为依托，因此政府势必要加快农村领导干部年轻化进程，为有志青年提供良好的平台施展抱负、实现个人及社会价值。政府要加强反腐倡廉力度，严厉惩治农村腐败干部，肃清政治环境，任人唯贤，选拔具有优秀教育背景和实践经验的青年干部，为农村经济高质量发展提供清正廉洁的政治环境基础，全心全意为乡村振兴事业做出贡献。

第二节　多渠道发展乡村旅游，助力乡村振兴

一、充分发挥政府的主导作用

乡村旅游是市场需求自发拉动和政府积极推动共同作用的结果，政府在乡村旅游中的主导作用不可忽视。从本质上而言，乡村旅游市场营销是农业与第二、第三产业融合的过程，农业并不是孤立的，因此政府首先要进行产业转型引导，转变封闭的农业经济发展模式，加强产业协调，实现农业的跨产业发展。其次，在乡村旅游发展规划时，要兼顾科学性、生态型、多样性及安全性，实现文化、科技、医疗、生态及农村经济的紧密结合。加强不同区域之间的优势互补，在道路交通、医疗治安等方面实现通力合作，强化区域内的游客承载、流动疏散及景区间的沟通协调能力。最后，要强化思想引导，以保护地方文化特色为根本，加强行业道德风尚的引导，树立“全域旅游”的科学发展观念，从而营造共赢发展、绿色发展与持续发展的理想氛围。

各级政府应制定积极的旅游政策，助力乡村旅游营销的宣传策划、沟通协调、推广完善，促使乡村旅游快速发展。加强市、县、企三级联动，整合文旅宣传资源和渠道，采取线上线下相结合的方式，宣传乡村美景、美色、美食、美宿等特色资源和产品。同时，政府可以根据不同区域的乡村旅游特色，组织开展乡村文化旅游节、乡村旅游展会、游园会等线下活动，助力乡村旅游发展。

二、实施保护与开发并重的乡村旅游开发模式

2022 年 3 月，广东省农业农村厅、广东省文化和旅游厅印发《关于公布 2021 年度省级休闲农业与乡村旅游示范单位和前八批示范点监测合格名单的通知》，湛江市共有 29 个单位榜上有名，其中麻章入选首批省级休闲农业与乡村旅游重点县，成为粤西地区唯一上榜的县区。

湛江市乡村旅游取得的成就与湛江市政府的宏观调控和引导密切相关。对湛江市的乡村振兴和乡村旅游进行耦合发展的任务进程中，既有政府的责任，也有当地民众以及广大旅游者的责任。其中，政府的宏观调控和引导作用对于湛江市乡村旅游的发展发挥着极为重要的指向作用。首先，政府要尽快出台相关的开发导向性政策，建立健全相关的法律法规和制度规章规范湛江市乡村旅游的规划与开发，成立专门的乡村旅游规划和开发领导工作小组，对乡村旅游开发的建设进程进行指导和监督，减少重复建设和资源浪费，避免过度保护制约当地经济文化发展的同时，也避免由于过度开发丧失了农村原有的风韵和特色。其次，政府要加强对湛江市乡村旅游开发的财政扶持力度，特别是对于新建的生态园、农家乐等要加强在政策和技术上的支出和鼓励，动员全体农民都能投入乡村旅游的建设中来。再次，乡村旅游景区的管理部门要加强对游客的管理，避免人为地破坏当地生态环境的行为发生。最后，湛江市的当地居民也要积极转变思想观念，打破传统、落后观念的局限和束缚，认清对湛江市乡村旅游的适度开发其实是对当地文化的一种宣传和推广，是推动当地经济、文化发展的一个重要手段。

三、加强乡村旅游区域合作

当前湛江市乡村旅游产业发展还处于相对粗放的初级开发阶段。其主要原因，一是乡村旅游开发阶段还处在资源导向阶段，对资源依赖程度高；二是产业深受开发主体的规划水平和经营能力的影响，开发主体素质是导致品质化乡村休闲旅游产品质量不高的关键所在。

1. 政府部门应破除制度壁垒，构建乡村旅游区域合作网

首先，对于政府和行业组织管理部门来说，应当改变目前乡村旅游发展中存在的盲目发展状态，改变目前发展中乱审批、重复性建设方面的问题，尤其是借助古代历史人物和历史典故散乱性开发的状态。湛江市政府部门应当统一思想，形成合作共赢、相互交融的理念，避免地方保护主义对旅游业发展造成的限制，主动克服不同行政区各自为政的弊端，深层次协调旅游产业与其他产业及部门的关系，让大旅游的观念深入人心。其次，政府部门需要明确湛江地区乡村旅游区域标准，逐步使当地旅游基础设施、旅游服务水平趋于统一管理，达到区域内旅游市场的监管、服务标准化效果。再次，要加强行业发展规范文件的建设，包括服务质量标准体系、品牌命名体系、等级评价标准、协同发展标准等。只有这些方面的建设标准不断完善，才能确保乡村旅游区域协同发展体系逐步建立起来。

2. 加强各区域市场合作

市场合作对于乡村振兴战略的迎合同样重要。利用旅游市场的区域内相互开放，可以让与旅游相关的各项要素达到自由共享，给服务产品推出等创造有利条件，最终构建形成统一的无障碍旅游区。为了

满足这一要求，湛江市的各县（市）都有聚集资源做好旅游的义务，特别是要在旅游宣传方面多付出努力，用联合行动的形式完成旅游广告宣传、旅游文化节举办、旅游服务网络平台建设等方面的任务。在此过程中，各县（市）需要具有明确的旅游市场合作意识，以市场需求为导向，建立起彼此关联的紧密营销网络，共同综合应用多种类型的传播形式，让旅游发展目标一致化、旅游传播风格统一化，由此增加区域旅游营销的影响力。

3. 强化区域整体资源整合

湛江乡村振兴战略视域下，政府部门在旅游区域经济合作发展路径探索中的主导作用还应当体现在有明确的旅游远景规划，根据当前情况制定适宜的旅游发展目标，从而让资源环境、旅游设施得到充分有效的整合。与旅游景点的单独发展相比，以旅游线路为主要形式的资源整合，是与旅游业发展相顺应的必然趋势，而若想使这些旅游线路全部顺畅发展，当地交通、餐饮、购物等的合作配合至为关键。例如，四川雅安市政府指导全市乡村旅游景区加入雅安市景区联盟，形成了“资源共享、优势互补、政策互定、产品共组、市场共推”的创新合作发展模式。目前雅安市景区联盟正在积极开展“雅安文旅一卡通”前期工作，全面整合全市乡村旅游资源，逐步形成“一盘棋”合力。与此类似，湛江市打造了以“规范标准、分散经营、统一管理、集中营销”为运营模式的汉源民宿联盟，进一步提升了市场竞争力。

4. 推动乡村旅游企业深度改革

湛江市除了要依托政府主导，加强市场合作与资源整合之外，还应当从企业本身出发，发挥出旅游企业在旅游行业一体化建构中的独特作用，利用横向或者纵向联合的形式，在更大空间范围中实现产业链的延长效果，使一体化收益成为可能。

四、建设智慧旅游平台，打造智慧乡村旅游示范区

乡村旅游企业需要在当地政府部门的引领下建设智慧旅游平台，借助政府部门战略部署和顶层设计的作用，统筹技术、资金、人才以及设备等各个要素，构建一体化的网络平台，从而将乡村旅游产业、旅游电子商务、游客以及公共服务汇集在一起，整体指导并规划智慧乡村发展情况。完善的硬软件是构建智慧乡村旅游平台的基础，其中硬件条件主要体现在信息化建设上，乡村需要全面覆盖 WiFi。完善软件条件就需要乡村旅游企业积极与智慧旅游供应商展开合作，结合本乡村特点开发出健全配套的软件系统和安装系统，如智能信息服务系统、融合通信服务系统以及地理信息服务系统等。智慧乡村旅游公共服务平台的构建主要包括两方面的内容：一是智慧乡村旅游公共应用体系，该体系下主要包括五个子系统，在线乡村旅游行政监管系统、乡村旅游营销系统、应急指挥系统、线上乡村旅游服务信息检索系统以及智慧乡村行政办公系统；二是乡村旅游资源信息数据库，数据库的构建可以将各个部门联系在一起，如交通局、通信局等，便于收集更为全面的乡村旅游信息，高效利用信息资源。

打造智慧乡村旅游示范区也是乡村旅游提质升级的有效措施。智慧旅游平台下的乡村旅游行业需要与农业、休闲产业以及信息产业等融合在一起，不同产业彼此之间的融合可以提高乡村旅游营销效果，提升乡村旅游智能化运营水平。在智慧乡村旅游示范区的打造上，需要从以下几个方面考虑：一是大力培养智慧农民，政府部门需要加

大智慧旅游的宣传力度，提高农民对智慧旅游的认识，秉持智慧旅游理念，积极参与到乡村旅游建设中来。此外，政府相关部门需要组织当地农民定期参与智慧旅游项目的培训活动，培训内容主要围绕各种软件和新媒体工具的使用方法等进行，努力提高乡村旅游管理人员的信息技术操作水平，确保他们熟练掌握智慧旅游平台相关软件，以便更好地为游客服务。二是构建乡村旅游智慧社区，主要包括民俗酒店、农家乐、农产品采摘园等，并确保各个乡村旅游智慧社区全面覆盖 WiFi。此外，还要加强乡村环境卫生治理，构建完善的能源环保体系，妥善处理好废水、垃圾，为游客提供整洁、干净、舒适的乡村旅游智慧社区居住环境。

五、保护传承乡村文化，促进旅游合理开发利用

湛江市在发展乡村旅游的过程中，要加强乡村文化的保护、传承和活化利用。

1. 将保护和传承文化遗产放在首要位置

政府层面要加强引导，促进乡村振兴战略和乡村旅游文化的融合发展，制定有关政策促进乡村旅游文化的保护。在振兴乡村文化的过程中要将保护文化遗产放在首要位置，确保文化继承有载体作为依托。

第一，建立由政府主导、乡村协调的文化遗产保护部门，保护好传统古建筑、民族村寨等。由专人负责对年久失修的物质文化进行修补，确保保留乡村文化基因。政府可以出台相关政策，利用制度法规等硬性要求保护文化遗产。可以借鉴安徽省黄山市的相关经验。2006—2009 年，黄山市在保存古民居较多的村镇和重要交通线两侧，

实施“保徽”“改徽”“建徽”工程，即保存徽派建筑，将不协调的建筑改成徽派，新兴建筑必须建成徽派，建筑风貌得到统一。2009—2013年，实施“百村千幢”古民居保护利用工程，101座古村落和1000多幢古民居得到完整保护和有效利用。2014年起，实施“徽州古建筑保护利用工程”，古村落及各类古建筑进一步得到保护利用。在实施上述工程的过程中，黄山市先后颁布多个地方性法规，出台了《古村落保护利用办法》等10个规范性文件，利用古村落及其承载的以各类古民居为代表的丰富多彩的文物文化资源，探索路径、创新模式，大力发展乡村旅游，先后形成民企独资保护利用的“宏村模式”、政府主导国企经营的“西递模式”、财政扶持民企经营的“呈坎模式”、国企开发村企合作的“唐模模式”、省外独资村级协助的“祖源模式”等。利用古村落发展旅游100多处，乡村旅游欣欣向荣。

第二，政府应该增加在文化方面的投入资金，确保文化建设能够可持续进行。政府投入文化建设中的资金要做到公开透明，并运用群众监督的力量确保相应资金全部用于文化建设。

第三，唤起村民保护文化遗产的积极性，乡村可以利用文化活动或发放文化宣传册，也可以通过村上广播、微信群等多媒体形式，定期向村民推送文化遗产助力乡村振兴的真实案例，从而激发村民保护文化遗产意识，把文化遗产看作自己家的一部分，通过情感纽带使村民发自内心地、积极主动地对文化资源进行保护，将乡情与文化载体相结合推动乡村文化振兴。

传统文化从形式上可以分为物质文化和精神文化，而精神文化是传统文化的核心，它决定着文化发展的方向和进程，因此要深度挖掘农耕文化、传承优秀传统文化，并使二者深度融合。我国几千年以来大多数乡村发展都是以农耕文化作为主文化，农耕文化中蕴含的“应时、取宜、守则、和谐”在不同程度上反映了优秀传统文化，因此要重点保护农耕文化，坚守土地耕地红线，确保农耕地绿色健康。

2. 搭建与乡村旅游文化相关的综合服务平台和科研创新平台

湛江市政府应扶持企业科技创新，帮助其搭建平台、整合资源，积极推进科技和农文旅深度融合，全面提升农文旅产业创新发展能力，建设乡村文旅综合服务平台，充分聚合政府、媒体、智库、短视频端口、文化旅游上下游产业链企业及产品资源，实现资源跨界、平台跨界、产业融合，发掘湛江市富有活力的乡村旅游资源、民俗文化产品、美丽宜居特色村镇、特色美食等乡村文旅特色资源，通过活态化、体验化、科技化、艺术化、文创化、节庆化的综合手段，以文旅先行带动乡村振兴。

同时，借助广东海洋大学、岭南师范学院、湛江科技学院的力量，打造相应的科研平台，促进文化保护理论和实践相结合，以更加科学的方式促进乡村文化的保护。

3. 创造性地对乡村文化进行活化开发和利用

在对乡村文化进行保护的基础上，还应合理进行开发和利用，让文化资源“活”起来，以文化为灵魂，打造精品化乡村旅游产品。充分利用全市丰富的非物质文化遗产，充分利用以遂溪醒狮、吴川飘色、东海岛人龙舞等为代表的传统民间艺术，打造乡村文化旅游产品。以全市各地乡村的地域特征和文化特色为切入点，打造具有个性化的乡村旅游产品，如借助湖光岩的玛珥火山地质地貌、生物资源推动当地火山文化旅游的发展，借助遂溪县草潭镇的角头沙海为代表的滨海旅游资源推动露营旅游的发展，借助廉江高桥红树林景区旅游资源推动当地生态文化旅游的发展。深入挖掘全市丰富的古建筑、古村落，如以苏二村、潮溪村、东林村等为示范村，突出不同建筑的独特风格，打造深厚文化底蕴的乡村旅游产品。

乡村旅游文化“活化”的过程中，要注意以下几个方面。

（1）村落文化整体性保护。

传统村落是物质和非物质文化遗产的综合体，是在自然及社会历史环境交互作用过程中产生与成长，具有延续性、本土性、变迁性特点的活态文化体。因此其文化保护要使文化不脱离当地群体特殊的生产生活空间。而规划良好、发展得当的旅游业，在一定程度上恰恰能提供整体性活化保护，通过建设文化主题公园、文化生态保护区和生态博物馆，打造文旅业态，借助旅游方式促进与传统村落建筑等物质文化、民俗文化等的活态融合，促进传统村落文化保护与传承。

（2）传统村落文化与旅游融合过程中要实现动态保护。

文化是动态发展的，尤其是非物质文化，往往是无形的、非形象化的存在，不可能像博物馆的文物一样静态保护。因此，好的旅游活化形式是在保护当地文化的基础上，适当依据旅游发展需要进行变通，增加与扩展村落传统文化的内涵，使传统村落文化在动态发展中得到传承。

（3）传统村落文化保护与旅游利用过程中要实现社区参与。

村民是保护传统村落文化生命力的关键人群，让村民成为传统村落文化旅游保护利用的主要参与者和受益者，这是培养传统村落的内部生长力及实现村落文化保护最适宜的办法。然而该如何调动社区的积极性、发挥社区的创造力，将社区参与旅游发展理念融入传统村落文化保护中，是当下促进传统村落文化保护与旅游融合发展的重要问题。要培育传统村落内部的凝聚力与信任，就需要重建村落的价值规范，如乡规民约等，将这些价值规范作为村落权威的内核，有助于形成村落的社区历史记忆，增加社区认同感和凝聚力。同时还要处理好村落内部的利益纠纷，在保障开发商、村民、从业者旅游收益的同时，也要拿出相当一部分收益，用于传统文化保护，以利于可持续发展。

六、优化乡村旅游产品供给

市场细分的最终目标实际上还是集合，将具有不同需求的消费者聚集在一起。市场细分是从消费者的角度对市场进行的划分，消费者的需求、喜好和动机可以作为市场细分的依据和基础。因此，湛江市乡村旅游发展也要根据市场需求明确自身的市场定位，进行市场细分。对于新顾客，可以推出特色化旅游线路，让顾客获得湛江地区乡村旅游新奇体验的同时，还能够领略湛江市特有的旅游资源风光，二者形成有益互补。而对于老顾客，可以根据其喜好采取定制式、个性化的旅游路线，充分满足顾客的需求。

根据对湛江市乡村旅游资源、市场、产品的深入分析，湛江市的乡村旅游发展应秉承差异化、特色化原则，立足自身区位、资源禀赋，将原生态特色旅游资源与乡土文化、乡土风格相结合，创造、凸显差异点，突出热带滨海地缘、气候优势，开发热带滨海特色乡村旅游产品。

1. 特色乡村休闲农业旅游

湛江市作为中国大陆最南端的滨海城市，终年受海洋气候的调节，冬无严寒、夏无酷暑，亚热带、热带作物及海产资源丰富；气候宜人，具有农产品、花卉等种植培育的先天优势，为发展休闲农业旅游提供了优质的资源禀赋。目前，湛江的农家乐、特色采摘园、特色农场等传统休闲农旅形式已经获得了充分的开发，但是在规模化、品牌化、创新性等方面表现还不如人意。未来的湛江热带滨海乡村休闲农旅开发应从以下三个维度展开。

首先，创新深度体验。依托湛江市得天独厚的热带农业物产，湛江市乡村休闲农旅应在原有基础上开发具有显著地方特色的体验类旅游项目和旅游园区，强化地方旅游差异性特质，提升顾客参与度与满足感。以徐闻“菠萝的海”的休闲农旅为例，30万亩菠萝种植蔚为壮观，在目前已相对成熟的菠萝文化节基础上，发展艺术创造型农业，推出相关菠萝文创产品，开发菠萝小吃制作、菠萝叶纤维提取等体验类项目，通过产业融合开发新型旅游产品，提升现有旅游资源价值，促进乡村旅游产业升级。

其次，找准特色，深挖细分市场。相比目前已经普及甚至“泛滥”的农家乐、采摘园等休闲农旅项目，湛江市休闲农旅的发展更应突出“特”。要立足自身资源、环境特点，根据游客的需求差异，提供不同层次、不同价位的旅游产品；同时进行市场细分，找准目标顾客“痒点”和“痛点”，有的放矢，进行创新性产品设计。例如，基于当地特优农产品衍生出主题性农场如菠萝酒庄、红橙庄园等，基于有机、天然等理念设计大型“自留地”等。

最后，注重旅游的规模化、品牌化发展。湛江的乡村休闲农旅应从整体设计层面进行规划，以生态、生活为设计理念，强调低碳环保、有机乐活，打造吃健康、品生态、玩农趣、睡民宿的一条龙生态体验，着力整合、培育农业生态旅游综合体项目，加快建设、扶持一批具有实力、规模的休闲农业景区、单位，鼓励、扶持一批龙头型农旅示范基地，发挥基地的辐射带动作用，塑造特色区域休闲农旅品牌。

2. 特色乡村康养旅游

大健康时代，康养的概念外延已经突破以往的健康、疗养的局限，上升到预防、治疗、修复、康养的泛康养理念。而康养的需求人群也由以往的银发族扩展为人群的全覆盖。目前我国的康养产业还处于初级阶段，未来发展潜力巨大。

田园，作为康养旅游发展的重要载体，是稀缺性资源，也将成为康养旅游发展的重要发力点。湛江乡村的景观（独特的热带植物、动物、地文、水文景观）、空气（空气质量广东省排名第二）、农耕（全年皆可进行农耕操作）、人文（独具魅力的雷州文化）、饮食（海鲜美食之都）等各类资源禀赋，为发展康养旅游提供了得天独厚的优势条件。湛江的乡村康养旅游应从“根”上抓起，打造全域康养旅游品牌（例如广西巴马、北海等），在此基础上依托生态及地缘环境优势，构建度假养生、温泉养生、海岛养生、田园养生、冬休养生等多种康养旅游业态，同时打造休闲农庄、温泉度假区、康养酒店 / 民宿等多种康养产品，构建融合型康养小镇。以冬休康养为例，湛江的温暖气候对北方游客有较强的吸引力，在宣传上可主打“冬休”牌，吸引外省尤其是北方客人常驻。冬休客多是候鸟一族，驻留时间较长，消费能力强，湛江的乡村康养旅游需要凸显湛江与其他冬休城市（海口、北海等）相比的特色和优势（如美食、民俗等），将经由徐闻过渡海南以及分流到北海的冬休客尽量留在湛江。

3. 乡村旅游专项产品开发

乡村旅游作为一种内涵清晰、外延广泛的旅游业态，与其他产业关联性较强。湛江市的乡村旅游依托热带滨海特色，应扎根地方，发掘本地乡村旅游特异优势，将吃、住、行、游、购、娱各个节点的特优资源进行整合，开发“精、深、特”专项旅游产品，整体思路如表8-1所示。

表 8-1　湛江市乡村旅游专项产品开发设想

湛江市热带滨海乡村旅游专项产品	产品开发依据	产品开发思路
寻味之旅	湛江市是全国著名的“海鲜美食之都”，热带、亚热带水果物产丰富	以“美食”作为旅游线路和产品设计的核心，将湛江的乡村美食和物产进行有机串联、融合，用“吃”来诠释地方文化和风俗特点，巧妙融入地方人文元素。“吃”和“做”相结合，通过体验了解湛江乡村正宗美食，并注意地方文化的渗透和展现
雷州风情	雷州半岛位于大陆南端边陲，中原文化中吸收融合南越、俚僚和多种流入文化，形成特有的雷州文化，非物质文化遗产项目众多	注重文化资源的开发活化展示，强调游客的参与性，提供展示与学习机会，将某些技艺传承项目以常规化学习形式开发，发展修学、研学旅游；加大非遗文创、手信产品开发力度，延长旅游产品效用周期；非物质文化遗产依托物质文化资源，实地、实景中融入特色文化元素，彰显独特魅力
渔天渔地	湛江市长夏无冬、温暖多雨，渔港众多，一年四季均可进行滨海性渔业旅游及体验活动	以游览观光业态为基点，观、做、吃为逻辑主线，秉承“住海边、玩海面（底）、食海鲜”的原则，综合开发体验性旅游项目；着重发展红树林探秘、珊瑚礁近距离接触、拉大网、江洪渔市天光墟、海鲜烹饪DIY、鱼排饭体验等一系列具有浓郁地方特色的体验类休闲渔业旅游项目；注重渔产品开发与升级，以休闲渔业带动渔产品销售

七、拓宽旅游营销渠道，创新乡村旅游营销方式

当前湛江市乡村旅游游客人均消费水平低，属于粗放式低效益的发展，只有推动乡村旅游高质量发展和集约化发展，才能从根本上提升经济可持续发展水平。针对乡村旅游人数阻碍可持续发展的问题，应重点拓宽营销渠道，做好乡村旅游宣传推广。

1. 采取积极的旅游目的地营销策略

当前很多旅游者对于湛江的乡村旅游产品认识还停留于浅层次，这也影响了旅游者前往乡村旅游目的地的积极性，降低了旅游者对乡村旅游的偏好，因此，应当采取更为积极的营销策略，将乡村旅游目的地的特点和特色主动地推荐给旅游者，让旅游者对湛江市乡村旅游目的地的服务和活动有更为全面的认知和了解，进一步提升乡村旅游目的地在旅游者心目中的形象和地位，进而激发旅游者的旅游兴趣。

2. 加大乡村旅游品牌建设力度

湛江市乡村旅游首先要做好品牌定位，因地制宜构建“菠萝的海”、南极村民宿、茂德公大观园等独特的乡村旅游品牌，提升旅游吸引力。其次是发挥旅游品牌的造血功能，依托现有的知名品牌，带动周边乡村旅游的发展，大品牌带动小品牌发展，逐步形成区域品牌。在营销中建立品牌意识，从口号宣传向理念传达转变，在乡村旅游景点景区中树立品牌标识，建立乡村旅游识别系统，品牌名称鲜明、独特，具有准确性和稳定性，确保不会因为外界因素发生改变。加大对品牌的宣传力度，提高品牌知名度和公众认可度，在营销活动

中不断发现新的目标市场，精准定位客户群体。

3. 开辟旅游产品营销新渠道

比如 C2C 新型电子商务营销模式。在农家乐类型的乡村旅游产品中，经营者以一家一户经营模式为主，游客在游玩的过程中，对于当地的土特产、纪念品等有较强的购买欲望。在 C2C 新型电子商务营销模式下，农家乐的经营者可以与游客直接进行交易，剔除中间商，为游客和农家乐经营者带来更多的收益。此外，民宿、农家乐以及各种民俗活动等可以借助网站、App 等进行营销，为游客提供预订和在线支付等功能。

4. 创新乡村旅游营销方式

湛江市一些乡村旅游景区的管理者也要与时俱进，鼓励乡村旅游景区、企业充分利用微博、微信、抖音等新媒体、自媒体平台，进行网络营销、直播营销、热点事件营销宣传，在更大范围内聚集人气，并积极打造乡村文化节、乡村美食节、文创产品展览、民俗活动表演等节庆宣传活动，同时充分借助各级旅发大会等展览活动进行乡村旅游的宣传推广。网络营销策略的运用，不仅能够快速树立乡村旅游景区的品牌形象，还能提升湛江市的整体形象，从而获得更多投资者和潜在消费者的青睐。

参考文献

[1] 郑杨，周志斌，朱莎 . 近 5 年中国国内乡村旅游研究热点问题综述［J］. 北京第二外国语学院学报，2012（5）：19–26.

[2] 姚素英 . 浅谈乡村旅游［J］. 北京第二外国语学院学报，1997（3）：42–46.

[3] 王兵 . 从中外乡村旅游的现状对比看我国乡村旅游的未来［J］. 旅游学刊，1999（2）：38–42+79.

[4] 贺小荣 . 我国乡村旅游的起源，现状及其发展趋势探讨［J］. 北京第二外国语学院学报，2004（1）：90–94.

[5] 何景明 . 国外乡村旅游研究述评［J］. 旅游学刊，2003（1）：76–80.

[6] 何景明 . 国内乡村旅游研究：蓬勃发展而有待深入［J］. 旅游学刊，2004（1）92–96.

[7] 王娜，鲁峰 . 乡村旅游发展的动力机制探讨［J］. 桂林旅游高等专科学校学报，2007（6）：706–708.

[8] 孔德林，黄远水 . 城郊型乡村旅游发展的影响机制、困境及对策研究——基于城市化影响的视角［J］. 北京第二外国语学院学报，

2009（7）：30–35.

[9] 韩非，蔡建明，刘军萍．大都市郊区乡村旅游地发展的驱动力分析——以北京市为例［J］．干旱区资源与环境，2010（11）：195–200.

[10] 王铁，张宪玉．基于概率模型的环城游憩带乡村旅游开发决策路径研究［J］．旅游学刊，2009（11）：30–35.

[11] Gilbert D，Tung L.Public organizations and rural marketing planning in England and Wales［J］.Tourism Management，1990，11（2）：164–172.

[12] Bramwell B.Rural tourism and sustainable rural tourism［J］．Journal of Sustainable，1994，2（2）:1–6.

[13] Pina I P A.Rural tourism demand by type of accommodation［J］．Tourism Management，2005，26（6）：951–959.

[14] Fleischer A P A.Rural tourism in Israel［J］.Tourism Management，1997，18（6）：367–372.

[15] Sharpley R.Rural tourism and the challenge of tourism diversification：the case of Cyprus［J］.Tourism Management，2002，23（3）：233–244.

[16] 潘方杰．"两山"视角下生态功能空间划分及发展对策研究［D］．武汉：华中师范大学，2020.

[17] 韩宁．我国乡村振兴绿色发展道路探索研究［D］．北京：中国地质大学，2021.

[18] Sanagustin–Fons Victoria.Social perception of rural tourism impact：a case study［J］.Sustainability，2018，10（2）：339–364.

[19] Bradbeer J. Rural tourism and sustainable rural development [M] . London：The Royal Geographical Society（with the Institute of British Geographers），1996.

[20] Velikova M P.How sustainable is sustainable tourism? [J] .Annals of Tourism Research，2001，28（2）：496–499.

[21] Butnaru Gina，Haller Alina.Perspective of sustainable rural tourism in the United Kingdom of Great Britain and Northern Ireland（UK）：comparative study of beta and sigma convergence in the economic development regions [J] .Sustainability，2017，9（04）：525–546.

[22] 邓祖涛 . 基于结构模型的乡村旅游地游客满意度研究——以湖北梁子湖旅游区为例 [J] . 旅游论坛，2012（2）：24–28.

[23] 杨永波，李同升 . 基于游客心理感知评价的西安乡村旅游地开发研究 [J] . 旅游刊，2008（11）：32–37.

[24] 张春花，卢松，魏军 . 中国城市居民乡村旅游动机研究——以上海、南京为例 [J] . 桂林旅游高等专科学校学报，2007（5）：703–706.

[25] 朱华 . 乡村旅游利益主体研究——以成都市三圣乡红砂村观光旅游为例 [J] . 旅游学刊，2006（5）：22–27.

[26] 高元衡 . 阳朔乡村旅游发展中各方利益分配问题研究 [J] . 桂林旅游高等专科学校学报，2004（6）：58–62.

[27] 高军波 . 我国乡村旅游发展中农户利益分配问题与对策研究 [J] . 桂林旅游高等专科学校学报，2006（5）：577–580.

[28] 古红梅 . 乡村旅游发展与构建农村居民利益分享机制研究——以

北京市海淀区西北部地区旅游业发展为例［J］. 旅游学刊，2012（1）：26–30.

［29］向富华. 乡村旅游社区参与机制研究［J］. 北京第二外国语学院学报，2012（7）：65–71+64.

［30］杜宗斌，苏勤. 乡村旅游的社区参与、居民旅游影响感知与社区归属感的关系研究——以浙江安吉乡村旅游地为例［J］. 旅游学刊，2011（11）：65–70.

［31］汪芳，郝小斐. 基于层次分析法的乡村旅游地社区参与状况评价——以北京市平谷区黄松峪乡雕窝村为例［J］. 旅游学刊，2008（8）：52–57.

［32］曹兴平. 文化绘图：文化乡村旅游社区参与及实践的新途径［J］. 旅游学刊，2013（12）：67–73.

［33］龙良富. 经济发达地区农村妇女参与乡村旅游的动机研究——以中山市新伦村为例［J］. 旅游学刊，2012（2）：37–42.

［34］赵黎明. 发展乡村旅游改善农村民生［J］. 旅游学刊，2010（9）：8–9.

［35］郑群明. 城乡统筹发展应重视乡村旅游的作用［J］. 旅游刊，2012（12）：11–12.

［36］刘春腊，徐美，刘沛林. 新农村建设中湖南乡村文化景观资源的开发利用［J］. 经济地理，2009（2）：320–326.

［37］林德荣，潘倩. 乡村旅游发展与新农村建设的互动模式研究［J］. 北京第二外国语学院学报，2009（5）：67–75+33.

［38］曹国新. 从极性思维到多元互动：乡村旅游规划模式的变迁［J］. 旅游学刊，2008（7）：8–9.

[39] 刘笑明，李同升，杨新军. 西安市观光农业空间分区研究［J］. 人文地理，2005（3）：99-102+34.

[40] 范春，李斌. 基于景观生态学视角的乡村旅游空间规划探析［J］. 经济地理，2009（4）：683-687+697.

[41] 欧阳勇锋，谈燕君. 乡村旅游规划的共生与有机更新途径——以南宁市伶俐镇渌口坡乡村旅游规划为例［J］. 旅游论坛，2009（4）：521-524+529.

[42] 冯娴慧，戴光全. 乡村旅游开发中农业景观特质性的保护研究［J］. 旅游学刊，2012（8）：104-111.

[43] 杨竹清，邱继勤. 农村土地流转对乡村旅游之效应研究［J］. 旅游论坛，2010（1）：71-75.

[44] 黄葵，李庆. 乡村旅游产业转型升级中的用地问题探析［J］. 北京第二外国语学院学报，2012（9）：78-82.

[45] 邹统钎. 乡村旅游发展的围城效应与对策［J］. 旅游学刊，2006（3）：8-9.

[46] 池静，崔凤军. 乡村旅游地发展过程中的"公地悲剧"研究——以杭州梅家坞、龙坞茶村、山沟沟景区为例［J］. 旅游学刊，2006（7）：17-23.

[47] 尹戟. 乡村旅游中的农民阶层分化研究［J］. 北京第二外国语学院学报，2006（7）：7-11.

[48] 郭华，甘巧林. 乡村旅游社区居民社会排斥的多维度感知——江西婺源李坑村案例的质化研究［J］. 旅游学刊，2011（8）：87-94.

[49] 周春发. 乡村旅游地居民的日常抵抗——以徽村拆建房风波为例

[J]. 旅游学刊，2012（2）：32-36.

[50] 吴建华，郑向敏. 我国乡村旅游发展存在的问题与对策分析[J]. 桂林旅游高等专科学校学报，2004（3）：5-9.

[51] 刘爱服. 试论京郊乡村旅游发展中的问题与对策[J]. 旅游学刊，2005（1）：68-71.

[52] 龙茂兴，张河清. 乡村旅游发展中存在问题的解析[J]. 旅游学刊，2006（9）：75-79.

[53] 刘建平，伍先福. 发展乡村旅游应注意的三个问题[J]. 旅游学刊，2006（5）：7.

[54] 刘芙，高珍妮. 乡村人才振兴的现实困境及对策——以高素质农民培育为视角[J]. 农业经济，2022（7）：110-111.

[55] 袁银传，康兰心. 论新时代乡村振兴的产业发展及人才支撑[J]. 西安财经大学学报，2022，35（1）：98-107.

[56] 苗宁平. 乡村旅游助推乡村振兴路径[J]. 现代农业研究，2022，28（4）：9-11.

[57] 吴佩芬. 十九大以来我国乡村振兴战略研究综述[J]. 农业经济，2021（1）：38-40.

[58] 夏日，朱赟. 国内乡村旅游研究进展[J]. 广西经济管理干部学院学报，2014，26（2）：73-79.

[59] 王素洁，刘海英. 国外乡村旅游研究综述[J]. 旅游科学，2007，21（2）：61-68.

[60] 周勇西. 习近平关于乡村振兴的重要论述研究[D]. 重庆：中共重庆市委党校，2022.

[61] 罗德富. 习近平关于乡村振兴战略重要论述研究[D]. 南宁：

广西民族大学，2022.
[62] 吴东霞 . 乡村振兴与乡村旅游耦合发展评价指标体系研究 [D]. 南宁：广西民族大学，2022.
[63] 信慧娟 . 广西资源县乡村旅游发展与乡村振兴耦合研究 [D]. 桂林：桂林理工大学，2020.
[64] 张孟梦 . 乡村振兴背景下河南省农业与旅游业耦合协调发展研究 [D]. 郑州：河南大学，2019.
[65] 程晨阳 . 乡村振兴背景下的河北省乡村旅游可持续发展评价及提升策略研究 [D]. 石家庄：河北经贸大学，2022.
[66] 杨庚霞 . 以旅游为导向的甘肃省美丽乡村建设研究——美丽乡村建设与乡村旅游耦合分析 [J]. 长春师范大学学报，2020，39（5）：56-61.
[67] 李广宏，吴误言 . 百色市乡村振兴与乡村旅游耦合度研究 [J]. 美与时代（城市版），2020（11）：87-89.
[68] 林益丽，曾慧娟 . 福建省乡村旅游与乡村振兴耦合研究 [J]. 龙岩学院学报，2021，39（1）：66-74.
[69] 庞艳华 . 河南省乡村旅游与乡村振兴耦合关联分析 [J]. 中国农业资源与区划，2019，40（11）：315-320.
[70] 赵玉婵，陆军 . 民族地区乡村振兴与乡村旅游耦合协调关系研究——以广西富川瑶族自治县为例 [J]. 资源开发与市场，2020，36（10）：1133-1139.
[71] 杨更生，王东，李秀花 . 全域乡村旅游与乡村振兴的耦合度评价及发展对策探究 [J]. 南方农业，2020，14（29）：190-192.
[72] 张红 . 山东省乡村旅游产业与农村经济耦合协调发展分析 [J].

泰山学院学报，2020，42（6）：45-50.

[73] 马小琴．山西省乡村旅游与乡村振兴耦合协调度测度［J］．中国农业资源与区划，2019，40（9）：257-262.

[74] 许兆欢．粤西欠发达地区海洋旅游经济发展思路——以广东阳江为例［J］．社会科学家，2013（6）：95-97.

[75] 肖钊富，彭贤伟，李瑞，等．乡村振兴与乡村旅游协调发展时空演变及驱动因子——以四川省为例［J］．资源开发与市场，2022，38（1）：61-68+85.

[76] 刘晓丽．基于资源禀赋的滨海特色乡村旅游产品开发——以湛江市为例［J］．广西职业师范学院学报，2020，32（2）：80-86.

[77] 张振举．生态文明背景下湛江绿色海洋经济发展模式选择及实践探索研究［J］．时代经贸，2020（1）：67-69.

[78] 杨嘉慧．湛江休闲农业与乡村旅游发展现状及对策［J］．现代农业科技，2021（3）：237-238+242.

[79] 梁菀琪，刘丹．湛江滨海旅游产业高质量发展研究——基于副中心城市建设背景［J］．西部旅游，2022（8）：39-41.

[80] 曹湘波，左颖颖，皇甫生鸿．乡村振兴背景下湛江市乡村旅游发展现状与对策［J］．现代营销（下旬刊），2022（4）：74-76.

[81] 杨春柏．乡村振兴背景下乡村旅游可持续发展制约研究［J］．农业经济，2022（1）：65-67.

[82] 王文竹．新时代我国乡村旅游经济发展态势研究［J］．中国果树，2022（5）：27.

[83] 胡珊珊，林戴嘉．湛江打造沿海经济带重要发展极的路径研究［J］．北方经贸，2022（6）：135-137.

[84] 魏玲丽，蒋和平 ."十四五"时期我国乡村旅游发展的新思路与新举措［J］. 中州学刊，2022（2）：28–35.

[85] 徐延利，梁旭辉，刘丹 . 湛江农业增长存在的问题、原因及对策［J］. 中国软科学，2020(z1)：243–249.

[86] 嘉丹 . 基于智慧旅游平台的乡村旅游提质升级对策研究［J］. 农村经济与科技，2021，32（4）：47–48.

[87] 杨琴 . 乡村旅游业高质量发展研究［D］. 湘潭：湖南科技大学，2020.

[88] 刘欢 . 乡村振兴视域下乡风文明建设研究［D］. 长春：吉林大学，2021.

[89] 郑群明，钟林生 . 参与式乡村旅游开发模式探讨［J］. 旅游学刊，2004（4）：33–37.

[90] 邹统钎 . 中国乡村旅游发展模式研究——成都农家乐与北京民俗村的比较与对策分析［J］. 旅游学刊，2005（3）：63–68.

[91] 李德明，程久苗 . 乡村旅游与农村经济互动持续发展模式与对策探析［J］. 人文地理，2005（3）：84–87.

[92] 方旭红，王静 . 依法治国理念下乡村旅游发展模式辨析［J］. 北京第二外国语学院学报，2007（7）：9–12.

[93] 何景明 . 成都市"农家乐"演变的案例研究——兼论我国城市郊区乡村旅游发展［J］. 旅游学刊，2006（6）：71–74.

[94] 马彦琳 . 环境旅游与文化旅游紧密结合——贵州省乡村旅游发展的前景和方向［J］. 旅游学刊，2005（1）：63–67.

[95] 马勇，赵蕾，宋鸿，等 . 中国乡村旅游发展路径及模式——以成都乡村旅游发展模式为例［J］. 经济地理，2007（2）：336–339.

[96] 罗盛锋，黄燕玲，王利朋．循环经济型乡村旅游发展模式探讨——以桂林恭城红岩村旅游点为例［J］．旅游论坛，2009（6）：886-889.

[97] 张环宙，周永广，魏蕙雅，等．基于行动者网络理论的乡村旅游内生式发展的实证研究——以浙江浦江仙华山村为例［J］．旅游学刊，2008（2）：65-71.

[98] 张树民，钟林生，王灵恩．基于旅游系统理论的中国乡村旅游发展模式探讨［J］．地理研究，2012（11）：2094-2103.

[99] 何学欢．乡村旅游消费行为的文化程度分异研究——以长沙市周边乡村旅游为例［J］．桂林旅游高等专科学校学报，2007（4）：542-545.

[100] 唐代剑，翟媛．乡村旅游选择行为的年龄分异研究［J］．旅游学刊，2008（10）：68-71.

[101] 粟路军，郑旗，方贤寨，等．乡村旅游消费行为的职业分异研究——以长沙市周边乡村旅游为例［J］．旅游论坛，2008（5）：270-274+278.

[102] 葛学峰，武春友．乡村旅游偏好差异测量研究：基于离散选择模型［J］．旅游学刊，2010（1）：48-52.

[103] 刘阳．内蒙古电子商务与农业产业链耦合发展研究［D］．呼和浩特：内蒙古农业大学，2021.